Willi und die Tasten

Tastschreib-Abc für Kids

von
Dr. Klaus Ramming

Illustrationen
Katrin Wunschel

W0278823

Winklers

Was findest du im Buch?

Tastschreiben lernen

Was du für diesen Kurs brauchst

1. Einen Computerarbeitsplatz

- Computer oder Laptop
- Maus
- Drucker
- Verbindungskabel

2. Software

Für deine Arbeit am Computer brauchst du natürlich Software. Willi hat dir einige aufgelistet, die du verwenden könntest.

Programm	Betriebssystem	Freeware
Word	Windows, Mac OS	nein
Corel WordPerfect	Windows, Linux	nein
Pages	Mac OS	nein
StarOffice Writer	Windows, Mac OS, Linux	nein
WordPad	Windows	ja
Google Text & Tabellen	Windows, Mac OS	ja
AbiWord	Windows, Linux	ja
OpenOffice.org Writer	Windows, Mac OS, Linux	ja

3. Paperware, Schreibzeug

Das Wichtigste dürfen wir jedoch nicht vergessen: dein Lernbuch.

Um mit dem Buch arbeiten zu können benötigst du Schreibzeug.

Ab und zu brauchst du auch Druckpapier, um geschriebene Texte auszudrucken.

Willi stimmt dich ein

Hallo, ich bin der Tasten-Willi. Ich bin 10 Jahre alt, Computerfan und fit auf der Tastatur.

Ich begleite dich jetzt beim Lernkurs für das 10-Finger-Tastschreiben. Du möchtest Schritt für Schritt lernen, wie eine Tastatur richtig bedient wird. Bestimmt hast du zu Hause, bei Freunden oder in deiner Schule schon einmal aus Spaß auf einer Computertastatur „herumgetippt".

Hast du gemerkt, wie schwierig es war, die richtigen Zeichen zu finden? Das Eingeben von Texten dauerte sehr lange und du hast häufig Fehler gemacht. Das wird sich bald ändern. Mit ein bisschen Geduld und Fleiß wirst du in kurzer Zeit alle Texte mit 10 Fingern schreiben können. In diesem Kurs zum Tastschreiben lernst du Folgendes:

1. wie eine Tastatur genau aussieht und
2. welcher Finger welche Taste drücken muss.

Dabei spielt es keine Rolle, ob du an einer alten Schreibmaschine oder an einer Computertastatur das Tastschreiben erlernst.

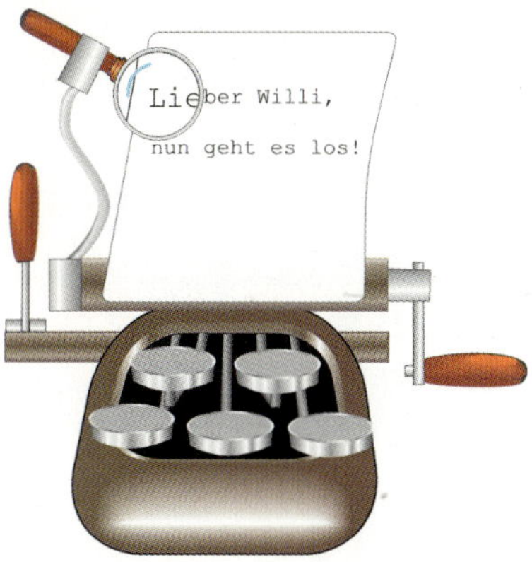

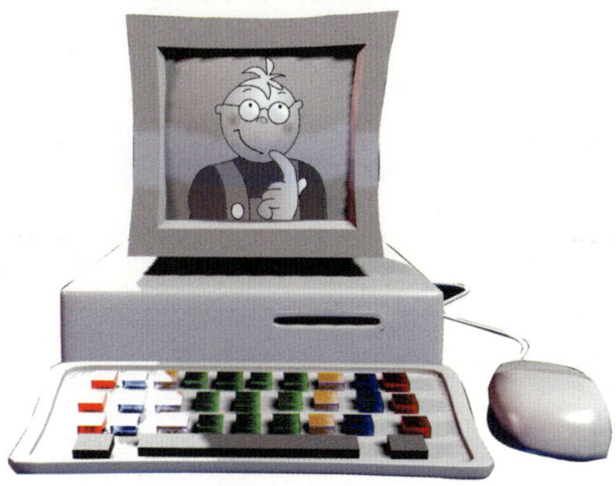

Wenn du fleißig übst, kannst du bald schreiben wie die Großen. Für eine halbe Seite Text brauchst du dann vielleicht nur noch 10 Minuten.

Viel Spaß und Erfolg wünscht dir Willi.

Das Geheimnis des Tastaturaufbaus

Willi weiß natürlich schon, wie eine Schreibtastatur aufgebaut ist. Selbst wenn er die Augen schließt, kann er sie genau beschreiben.

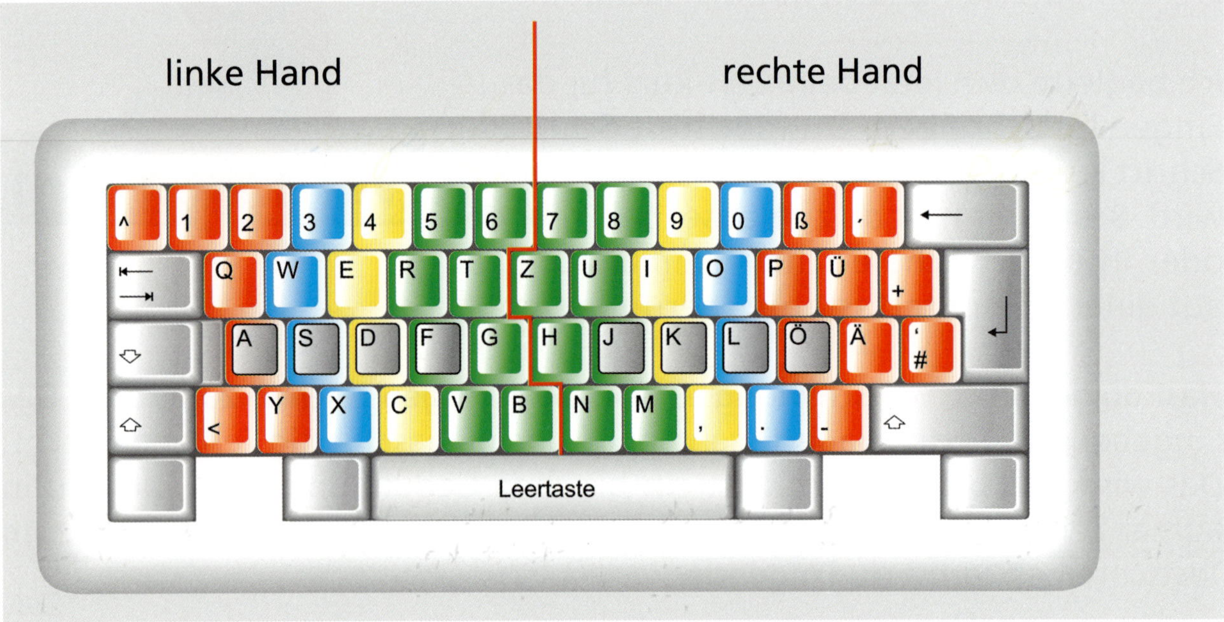

Auf einer Schreibtastatur sind fast 50 Tasten. Unsere beiden Hände teilen sich die Tasten. Die linke Hand bedient die linke Tastaturhälfte und die rechte Hand die rechte Tastaturhälfte. So hat jede Hand dann fast gleich viel zu tun. Beim Schreiben bleibt jede Hand auf ihrer Seite. Betrachtest du die Tastatur zeilenweise von oben nach unten, wirst du vier Tastenreihen erkennen. Du kannst dir die Tastenreihen vorstellen wie Stuhlreihen, auf denen die Buchstaben und Zeichen sitzen:

In der Mittelreihe siehst du, dass einige Tasten besonders hervorgehoben sind. Das ist die **Grundstellung.** Was es mit der Grundstellung auf sich hat, werden wir gleich sehen.

Nun sollst du die Tastatur nicht bedienen, wie es dir gerade einfällt. Jeder Anfänger schreibt nach dem System „Adler", d. h. er sucht zuerst mit den Augen die Taste, die gedrückt werden soll und dann drückt er sie mit irgendeinem Finger. So dauert das Tippen eines Textes ziemlich lange.

System „Adler":

Ein Profi, wie du einer werden willst, bedient eine Tastatur ganz anders. Jeder Finger weiß, welche Taste er drücken muss. Die Hände arbeiten je nachdem allein oder im Team. Willi, der schon Profi ist, kann die Tastatur bedienen, ohne hinzuschauen und macht trotzdem kaum Fehler. Auch du wirst das bald können. Was musst du dafür wissen und lernen?

Schau dir die Tastaturabbildung genau an: Du wirst feststellen, dass die Tasten unterschiedliche Farben aufweisen. Du siehst schön rot eingefärbte Tasten, die sind für die kleinen Finger. Die Ringfinger haben weniger zu tun: Sie bedienen die blauen Tasten. Für die Mittelfinger sind die gelben Tasten gedacht. Die Zeigefinger haben am meisten zu tun: Sie dürfen sich auf den grünen Tasten austoben. Die Tasten, die zu einem Finger gehören, nennt man Tastensäulen. Es gibt also vier Tastensäulen für die Finger der linken Hand und vier Säulen für die Finger der rechten Hand:

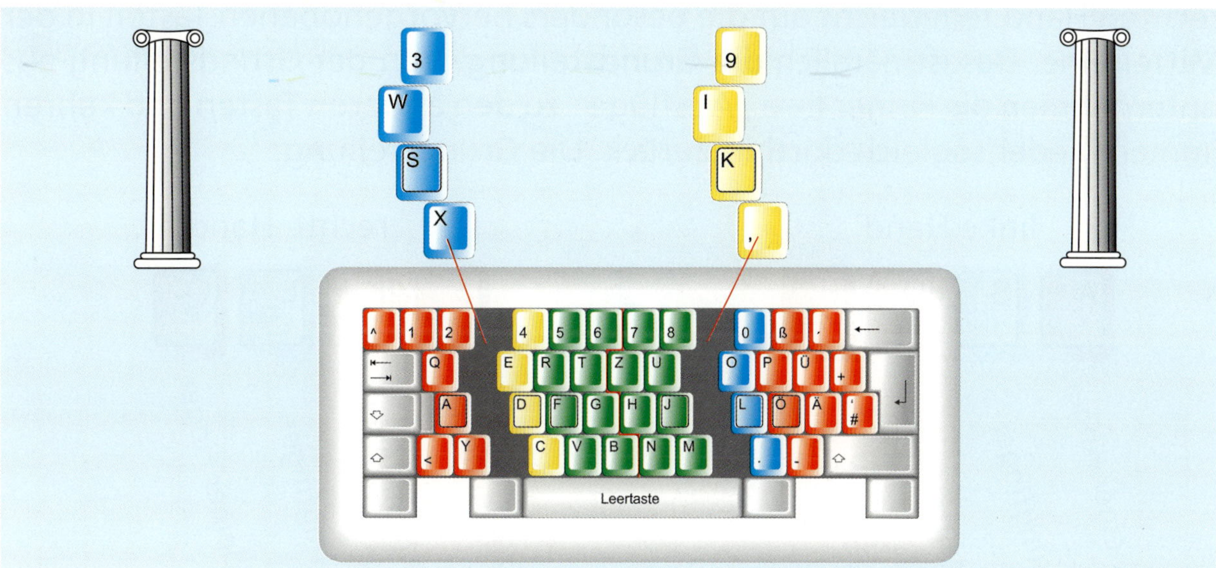

Hier hast du noch einmal die genaue Aufteilung der Tastatur. Präge sie dir gut ein, du wirst sie jetzt ständig brauchen.

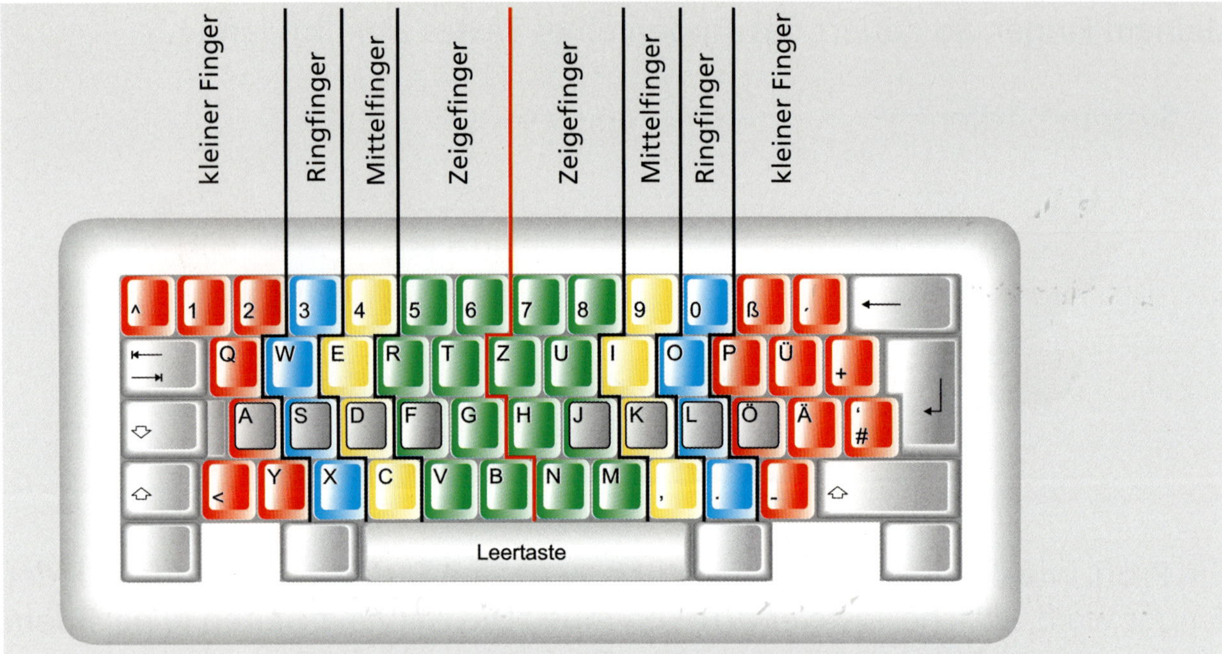

die **roten** Tastensäulen	=	gehören den kleinen Fingern
die **blauen** Tastensäulen	=	gehören den Ringfingern
die **gelben** Tastensäulen	=	gehören den Mittelfingern
die **grünen** Tastensäulen	=	gehören den Zeigefingern

Was ist nun mit den Daumen? Die Daumen betätigen die Leertaste. Mit dieser erzeugst du Platz (Leerzeichen) zwischen den Wörtern.

Bevor Willi mit dem Schreiben beginnt, legt er die Finger der linken bzw. rechten Hand federleicht auf die besonders hervorgehobenen Tasten in der Mittelreihe. Das ist nämlich die **Grundstellung.** Von der Grundstellung aus unternehmen die Finger ihre „Ausflüge" zu den anderen Tasten und kehren immer wieder sogleich dorthin zurück. Die Grundstellung:

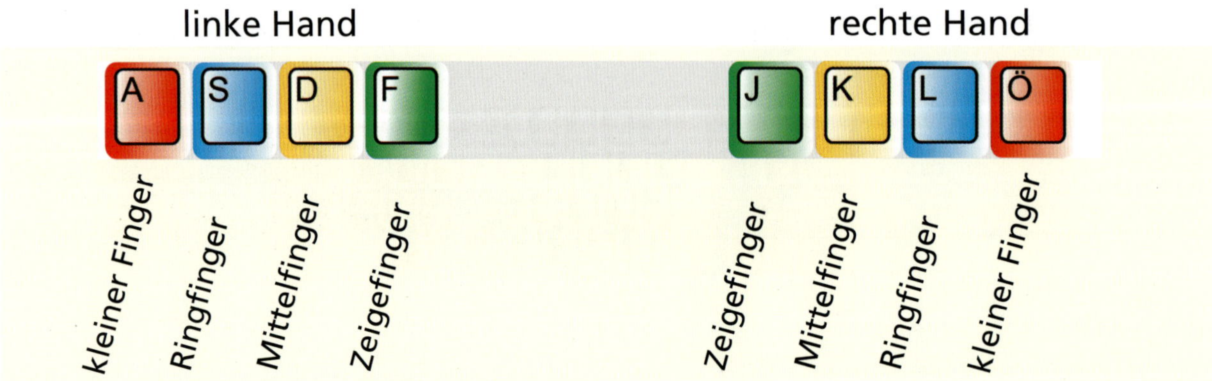

Was du dir unbedingt merken musst

- jede Hand bekommt eine Tastaturhälfte zugeordnet
- die Tastatur hat vier Reihen: Ziffern-, Ober-, Mittel- und Unterreihe
- jeder Finger bedient eine bestimmte Tastensäule
- bevor geschrieben wird, nehmen die Finger die Grundstellung ein

Eine erste Übung

Übe das Einnehmen der Grundstellung:

1. Setze dich vor eine Schreibtastatur.
2. Suche in der Mittelreihe den Buchstaben **F.**
3. Lege federleicht den linken Zeigefinger auf das **F.** Die übrigen Finger der linken Hand lege links auf die anderen Tasten **D, S** und **A** ab.
4. Suche in der Mittelreihe den Buchstaben **J.**
5. Lege federleicht den rechten Zeigefinger auf das **J.** Die übrigen Finger der rechten Hand lege rechts daneben auf die Tasten **K, L** und **Ö** ab.

Probiere dies mehrmals. Versuche auch mit geschlossenen Augen die Grundstellung einzunehmen. Wenn du mit den Zeigefingern die Tasten **F** und **J** abfühlst, spürst du einen Unterschied zu den übrigen Tasten? Wenn ja, warum wird das so sein?

Wir wiederholen

1. Trage die Namen in die leeren Felder ein.

Wie heißt die Tastenreihe mit den Ziffern?	Ziffernreihe
Wie heißt die Tastenreihe mit **Q, W, E** bis *?	Oberreihe
Wie heißt die Reihe mit der Grundstellung?	Mittelreihe
Wie heißt die Tastenreihe mit **Y, X, C** bis -?	Unterreihe

2. Schreibe unter die Tastensäulen, welcher Finger sie bedient.

rechter Mittelfinger | linger kleiner Finger | rechter Zeige F. | rechter Ring F.

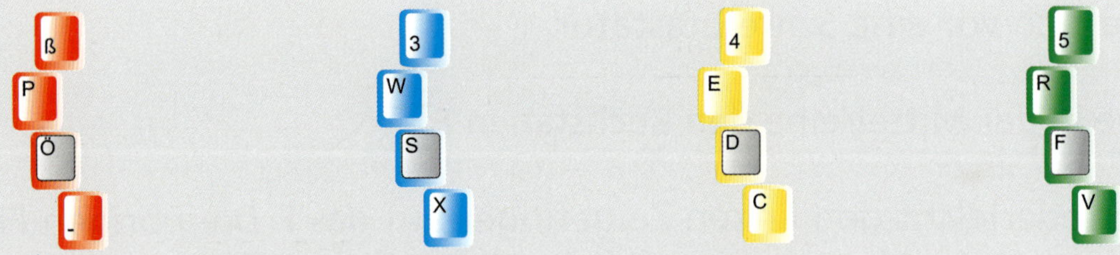

kleiner F. | Ringfinger | mittel F. | Zeigefinger

3. Trage von links nach rechts geordnet in die Kästchen ein, welche Zeichen zur Grundstellung gehören.

| A | S | D | F | J | K | L | Ö |

4. Streiche die Buchstaben an, die zur Grundstellung gehören.

A X F D K A S J L Q Ö

Auf los gehts los

Nun sollst du mit deinen Fingern die Tastatur erobern. Tastmeister Willi erläutert dir, wie wir starten. Bevor du an die Tastatur gehst und schreibst, stellst du folgende Überlegungen an:

1. Wo liegt die Taste mit dem Zeichen, das wir schreiben wollen?

= Tasten suchen

2. Welchen Finger nehmen wir dazu?

= Finger wählen

3. Wie gelangen wir von der Grundstellung zur gewünschten Taste?

= Fingerweg festlegen

Du willst sicher schon mal schnell etwas auf der Tastatur schreiben. Aber Willi meint, erst wenn alles im Kopf klar ist, bekommen die Finger zu tun. Willi ist nicht nur flink mit den Fingern, sondern auch schlau wie ein Fuchs. Wenn du mit den Eltern verreist, überlegt ihr auch vorher, **wo** ihr hinfahren wollt, mit **welchem** Fahrzeug ihr verreist und **wie** die Fahrtstrecke verlaufen soll.

Bevor du an der Tastatur schreibst, musst du dir also erst einprägen, welcher Finger welche Taste drücken muss. Danach findest du im Buch Übungen zum Schreiben, damit deine Finger flink die Tasten finden und die richtigen Buchstaben und Zeichen geschrieben werden. Alles klar?

Die Grundstellung

Die Grundstellung ist der Startplatz für deine Finger. Wenn du viel geübt hast, starten von hier aus deine Finger wie eine Rakete zu den Zieltasten. Anschließend landen sie wieder ganz sanft auf der Grundstellung.

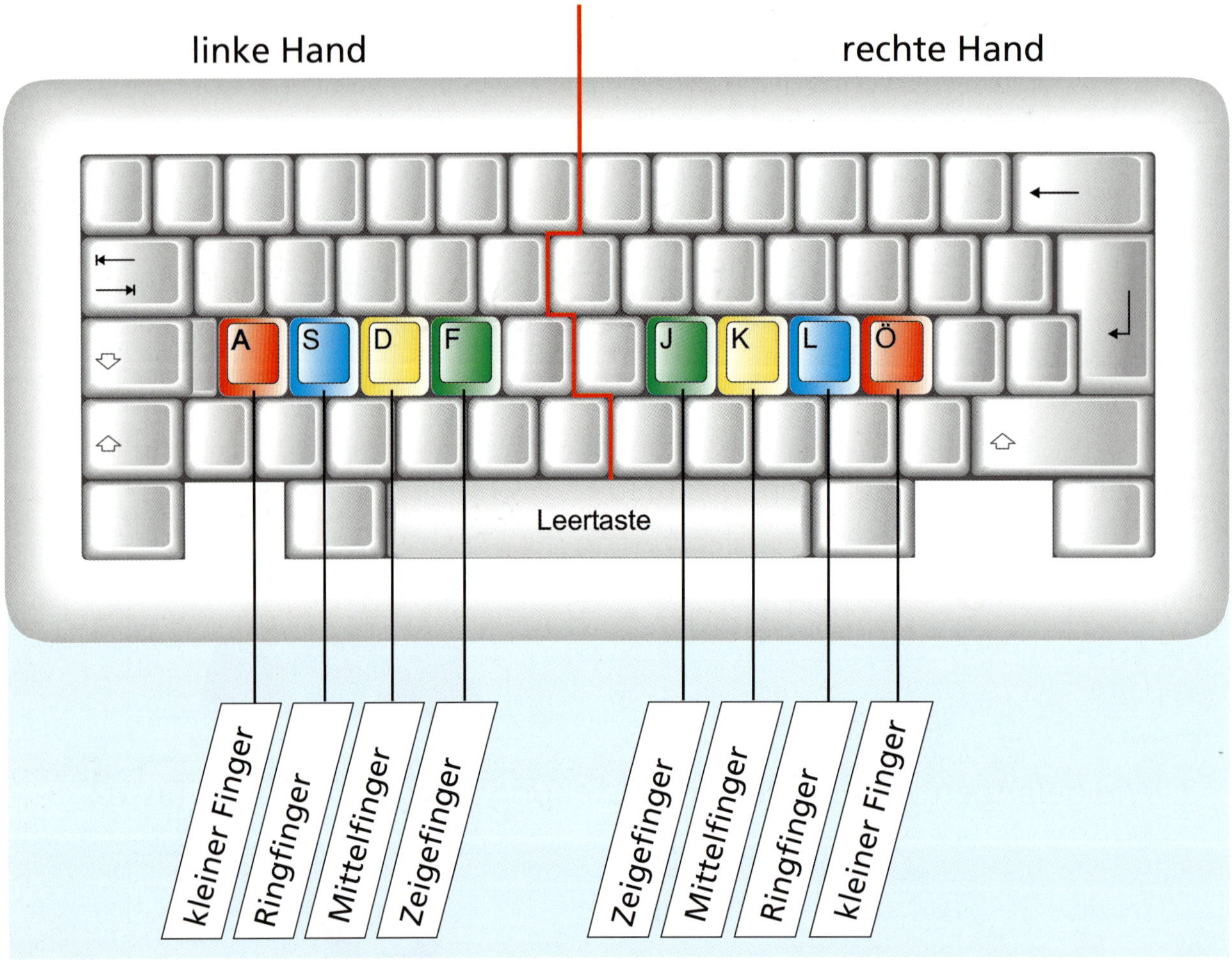

Aufgaben

1. Lies dir den Satz durch, den Willi in Gedanken spricht. Unterstreiche in den Wörtern die Anfangsbuchstaben, die zur Grundstellung gehören.
2. Präge dir den Satz als Eselsbrücke gut ein, dann behältst du die Grundstellung besser im Kopf: **a s d f** für die linke Hand und **j k l ö** für die rechte Hand. Vielleicht fällt dir noch ein besserer Satz ein.
3. Bearbeite die folgende Seite.

Wir überlegen mit Willi, wie das kleine **a** zu schreiben ist:

a	1 tief	am Ort	1 hoch	2 hoch

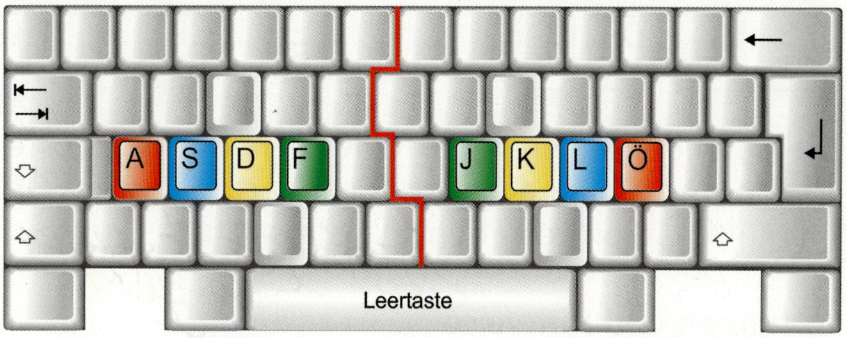

s	1 tief	am Ort	1 hoch	2 hoch
d	1 tief	am Ort	1 hoch	2 hoch
f	1 tief	am Ort	1 hoch	2 hoch
a	1 tief	am Ort	1 hoch	2 hoch
k	1 tief	am Ort	1 hoch	2 hoch
l	1 tief	am Ort	1 hoch	2 hoch
ö	1 tief	am Ort	1 hoch	2 hoch
j	1 tief	am Ort	1 hoch	2 hoch

Schreibübungen zur Grundstellung

Nun geht es an die Tastatur. Lege deine Finger federleicht auf die Tasten der Grundstellung:

linke Hand: **A**, **S**, **D**, **F** rechte Hand: **J**, **K**, **L**, **Ö**

Die Daumen berühren leicht die Leertaste. Nun teste, ob sich die Tasten **F** und **J** anders anfühlen als die benachbarten Tasten. Oft sind die beiden Tasten mit Fühlmarken versehen. Warum wohl?

Aufgaben und Hinweise

1. Ertaste wenigstens fünfmal die Grundstellung.
2. Versuche es auch mit geschlossenen Augen.
4. Lasse dir erklären, wenn du an der Schreibmaschine übst, wie Papier eingelegt wird, denn sonst kannst du schlecht sehen, was du schreibst.
3. Jetzt schreibe folgende Tastübungen **schön langsam und gleichmäßig.** Du brauchst nicht als Erste(r) fertig zu sein.

Achte auf die Leerzeichen zwischen den Zeichengruppen und Wörtern:

```
asdf jklö
```

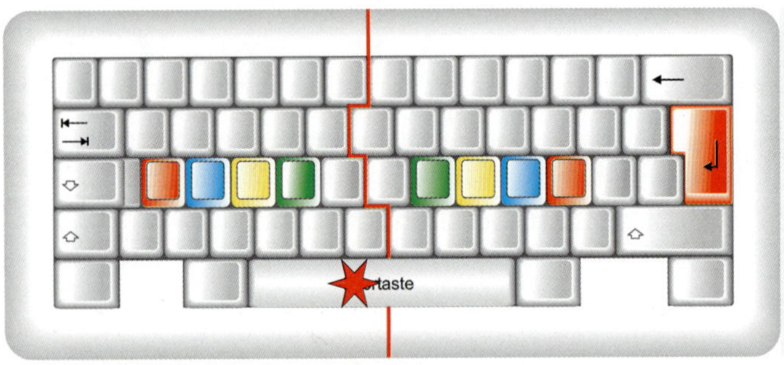

Wenn du Leerzeichen zu schreiben hast, betätige mit einem Daumen die Leertaste!

Achte auf das Zeilenende!

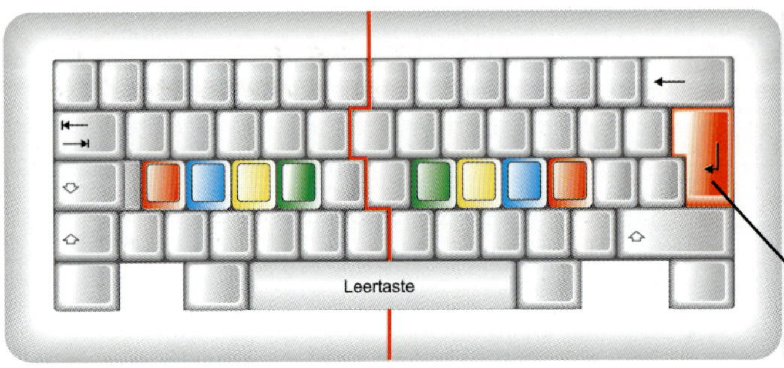

Wenn eine Leerzeile einzufügen ist, drückst du den Zeilenschalter (Enter) zweimal mit dem rechten kleinen Finger.

Zeilenschalter (Enter)

Willi legt los

Folge dem Beispiel von Willi.

Erst einzelne Finger

Die flinken Zeigefinger

ffff jjjj ffff jjjj ffff jjjj ffff jjjj ffff jjjj ffff jjjj ffff

fjfj fjfj fjfj fjfj fjfj fjfj fjfj jfjf jfjf jfjf jfjf jfjf jfjf

Die starken Mittelfinger

kkkk kkkk dddd dddd kkkk kkkk dddd dddd kkkk kkkk dddd dddd kkkk

dkdk dkdk dkdk dkdk dkdk dkdk dkdk kdkd kdkd kdkd kdkd kdkd kdkd

Die langsamen Ringfinger

ssss ssss llll llll ssss ssss llll llll ssss ssss llll llll ssss

slsl slsl slsl slsl slsl slsl slsl lsls lsls lsls lsls lsls lsls

Die beweglichen kleinen Finger

aaaa öööö aaaa öööö aaaa öööö aaaa öööö aaaa öööö aaaa öööö aaaa

aöaö aöaö aöaö aöaö aöaö aöaö aöaö öaöa öaöa öaöa öaöa öaöa öaöa

Jetzt alle Finger

1 asdf jklö asdf jklö asdf jklö asdf jklö asdf jklö asdf jklö asdfj

2 jklö asdf jklö asdf jklö asdf jklö asdf jklö asdf jklö asdf jklöf

3 fdsa ölkj fdsa ölkj fdsa ölkj fdsa ölkj fdsa ölkj fdsa ölkj fdsaj

4 ölkj fdsa ölkj fdsa ölkj fdsa ölkj fdsa ölkj fdsa ölkj fdsa ölkjf

Erste Wörter

5 ja ja ja da da da ja ja ja da da da ja ja ja da da da ja ja ja ja

6 öd öd öd da da da ja ja ja öd öd öd ja ja ja da da da öd ja da ja

7 als als als fad fad fad las las las fad fad fad als als als ja da

8 lös lös lös das das das als als als lös lös lös das das das öd ja

9 lös das lös das lös das ja da ja da ja da als das als das als das

10 lass das lass das lass das ja das ja das ja das ja lös ja lös das

Wow, das hat ja prima geklappt! Willi schlägt vor, erst einmal etwas Gymnastik zu machen, damit die Hände, Arme und Schultern wieder locker werden.

Und los gehts mit Gymnastik!

1. Balle und öffne die Faust: links und rechts je zehnmal.

2. Hebe die Arme hoch und greife nach oben, als ob du Wolken fangen willst, je Arm zehnmal.

3. Rolle abwechselnd die Schultern, zehnmal nach vorn und nach hinten.

4. Lege die Fingerspitzen der rechten Hand auf den Tisch ab und drücke mit Kraft mehrfach nach unten.

5. Wiederhole das Gleiche mit der linken Hand.

6. Schüttele Hände und Arme aus.

7. Nimm noch einmal die Grundstellung ein und prüfe deine Körperhaltung: aufrecht sitzen, Ellenbogen am Körper halten und Füße nebeneinander auf den Fußboden unter den Tisch stellen.

Wie werden die Kleinen groß?

Der erste Schritt ist getan. Du kannst jetzt die Grundstellung und damit schon kleine Wörter schreiben. Aber es gibt jedoch auch Substantive und die beginnen groß.

Wir wiederholen

Schreibe folgende Zeilen ab.

```
1 ja ja ja da da da ja ja ja da da da ja ja ja da da da ja ja da da
2 öd öd öd la la la öd öd öd la la la öd öd öd la la la öd öd öd la

3 all all all lad lad lad lös lös lös fad fad fad las las las ja ja
4 als als als das das das als als als das das das als als als da da

5 fad fad fad las las las fad fad fad las las las fad fad fad da ja
6 lad lad lad all all all lad lad lad all all all lad lad lad ja da
```

Wie geht das mit den Großbuchstaben?

Willis Schwester heißt **A**ja. Im Sommer fährt er mit ihr manchmal **K**ajak. Beide Wörter beginnen mit einem **Großbuchstaben.** Bis jetzt haben wir nur Kleinbuchstaben geschrieben. Was musst du also tun, damit die Buchstaben groß geschrieben werden? Dafür brauchst du einen Umschalter. Auf der Abbildung siehst du, dass es zwei davon gibt. Suche diese auf deiner Tastatur.

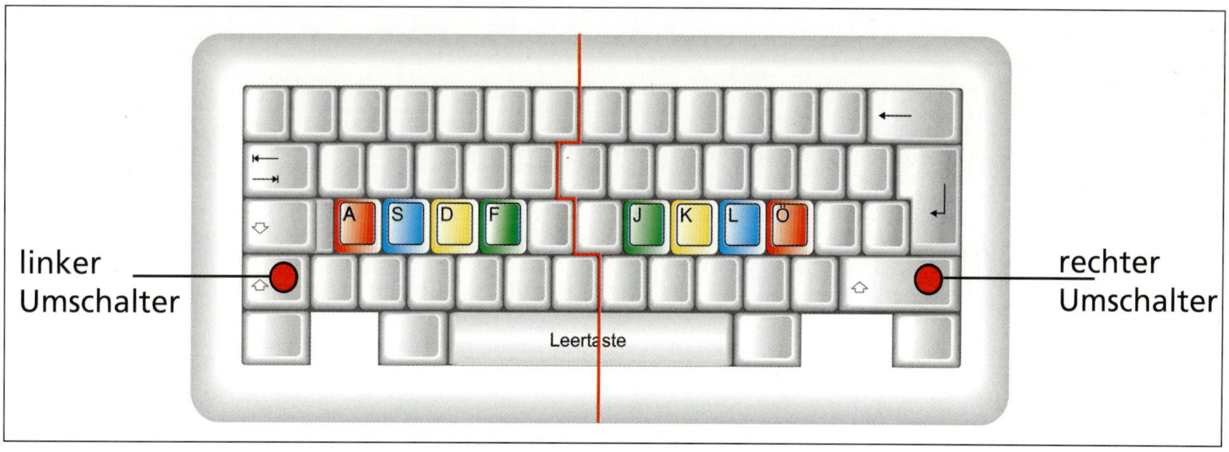

Die Umschalter werden mit einem kleinen Finger betätigt. Willst du einen Buchstaben groß schreiben, der auf der linken Tastaturseite liegt, nimmst du den **rechten** Umschalter. Willst du einen Buchstaben schreiben, der auf der rechten Tastaturseite liegt, wird der **linke** Umschalter gedrückt.

Eigentlich ist es wie beim Klavierspielen: Beide Hände sind auch beim Schreiben an der Tastatur gleichzeitig zu nutzen. Willis Tipp: Verwechsle nicht „lechts“ und „rinks“, wenn du dann Großbuchstaben schreibst.

Wir überlegen mit Willi, wie das große **A** zu schreiben ist:

A	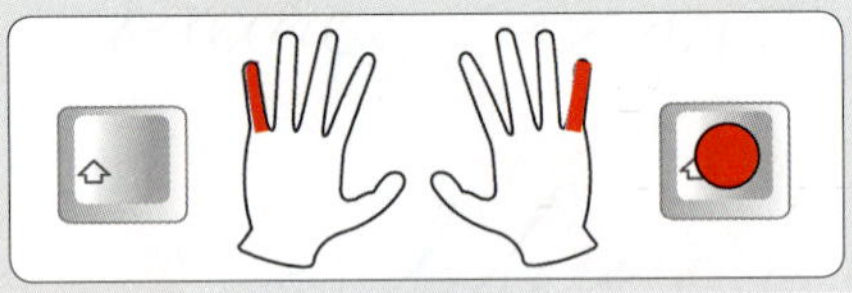	1 tief · am Ort · 1 hoch · 2 hoch	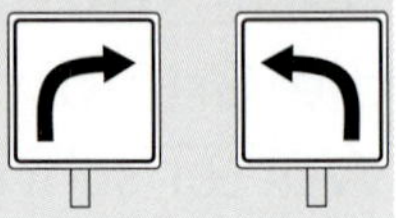

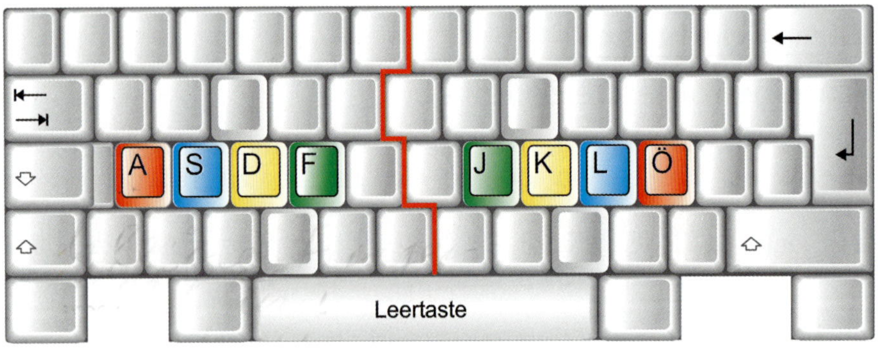

S	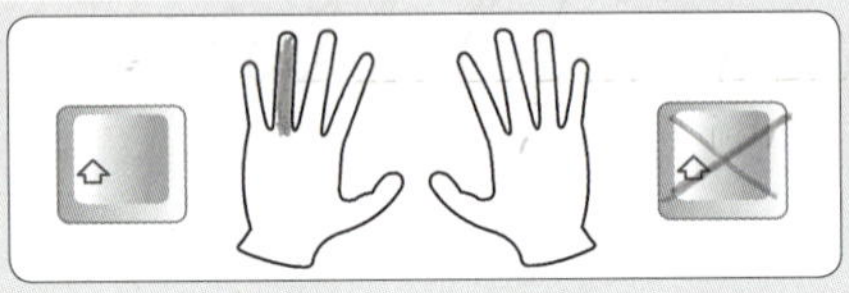	1 tief · am Ort · 1 hoch · 2 hoch	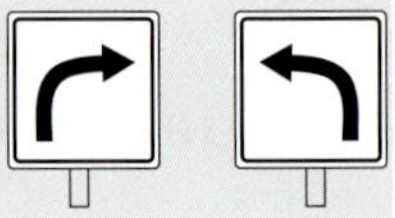
D	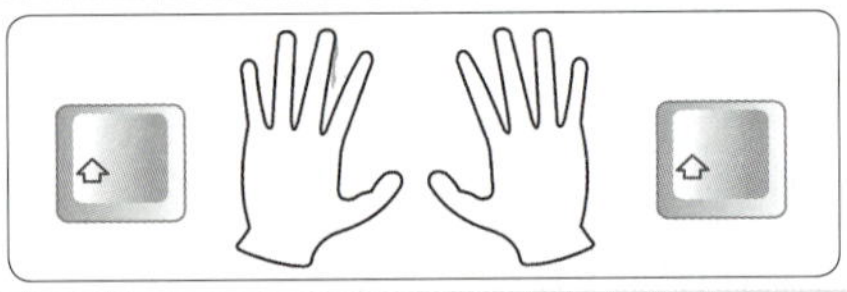	1 tief · am Ort · 1 hoch · 2 hoch	
F	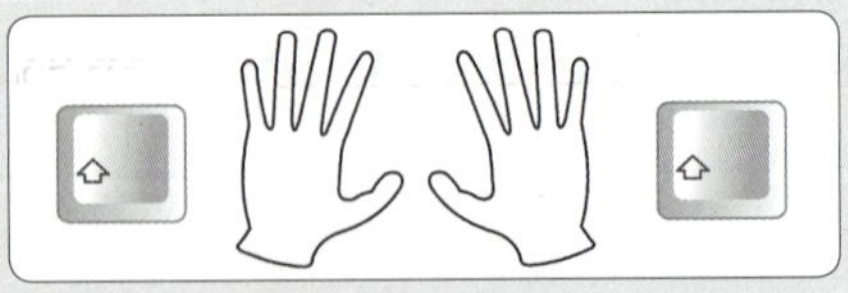	1 tief · am Ort · 1 hoch · 2 hoch	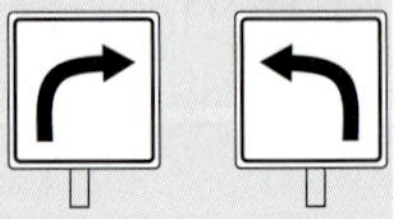
A	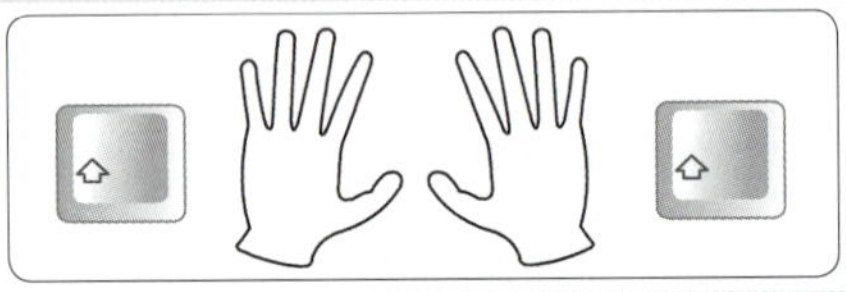	1 tief · am Ort · 1 hoch · 2 hoch	
D	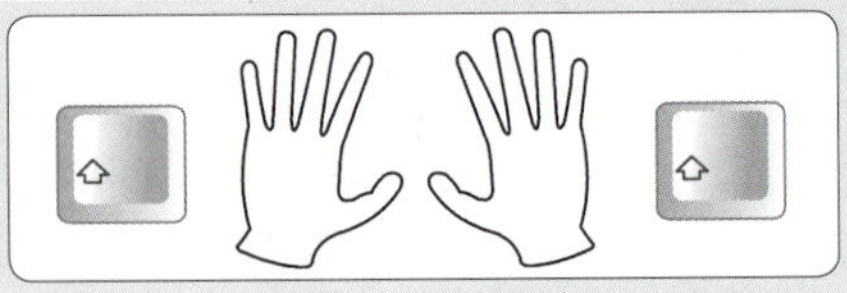	1 tief · am Ort · 1 hoch · 2 hoch	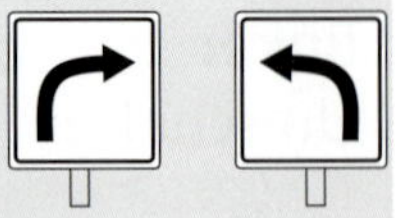
S	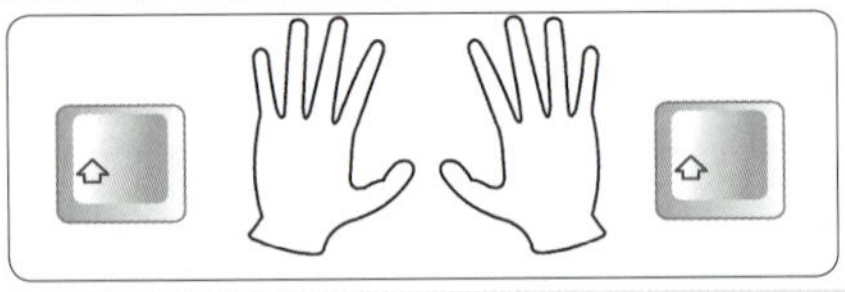	1 tief · am Ort · 1 hoch · 2 hoch	
A	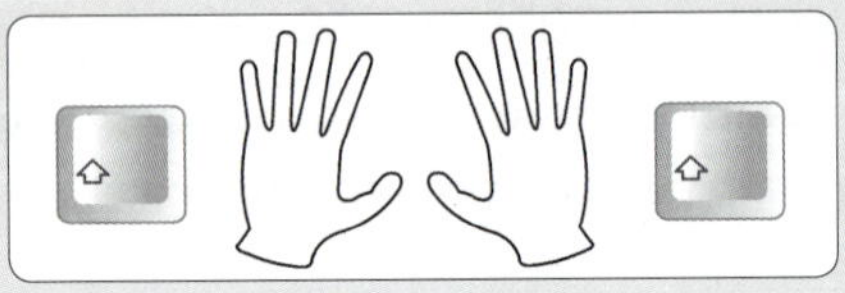	1 tief · am Ort · 1 hoch · 2 hoch	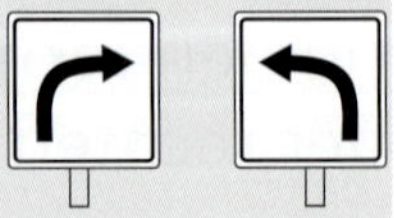
F	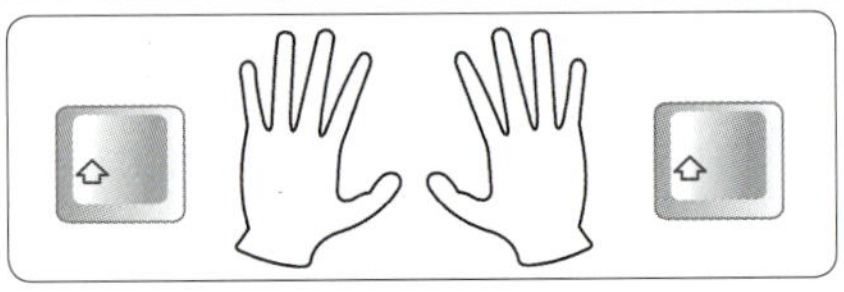	1 tief · am Ort · 1 hoch · 2 hoch	

Wir überlegen mit Willi, wie das große **J** zu schreiben ist:

J	1 tief	am Ort	1 hoch	2 hoch	

K	1 tief	am Ort	1 hoch	2 hoch
L	1 tief	am Ort	1 hoch	2 hoch
Ö	1 tief	am Ort	1 hoch	2 hoch
J	1 tief	am Ort	1 hoch	2 hoch
K	1 tief	am Ort	1 hoch	2 hoch
L	1 tief	am Ort	1 hoch	2 hoch
Ö	1 tief	am Ort	1 hoch	2 hoch
J	1 tief	am Ort	1 hoch	2 hoch

Wiederholung: Wie bewegen sich die Finger beim großen A?

1. Der ....kleiner Finger.... der rechten Hand drückt zuerst den rechten Umschalter und hält ihn fest.
2. Der ....kleine Finger.... der linken Hand drückt kurz die **A**-Taste.
3. Der kleine Finger der rechten Hand lässt den rechten Umschalter los und geht zur **Ö**-Taste.

Wiederholung: Wie bewegen sich die Finger beim großen K?

1. Der ....~~Mittelfinger~~ kleine Finger.... der linken Hand drückt zuerst den linken Umschalter und hält ihn fest.
2. Der ....Mittelfinger.... der rechten Hand drückt kurz die **K**-Taste.
3. Der kleine Finger der linken Hand lässt den Umschalter los und geht zur **A**-Taste.

Was musst du tun, um ein großes D zu schreiben?

1. Der kleine Finger der rechten Hand drückt ______
2. ______
3. ______

Was musst du tun, um ein großes L zu schreiben?

1. ______
2. ______
3. ______

Nun kannst du wieder praktisch üben (die kurzen Zeilen zweimal)

Die flinken Zeigefinger

Fö Fö Fö Ja Ja Ja Fö Fö Fö Ja Ja
FJ FJ FJ JF JF JF FJ FJ FJ JF JF

Die starken Mittelfinger

Ka Ka Ka Dö Dö Dö Ka Ka Ka Dö Dö
DK DK DK KD KD KD DK DK DK KD KD

Die langsamen Ringfinger

Sö Sö Sö La La La Sö Sö Sö La La
SL SL SL LS LS LS SL SL SL LS LS

Die beweglichen kleinen Finger

Aö Aö Aö Öa Öa Öa Aö Aö Aö Öa Öa
AÖ AÖ AÖ ÖA ÖA ÖA AÖ AÖ AÖ ÖA ÖA

Mehrere Buchstaben

1 Föf Föf Föf Jaj Jaj Jaj Föf Föf Föf Jaj Jaj Jaj Föf Föf Föf Jaj
2 Sös Sös Sös Död Död Död Sös Sös Sös Föf Föf Föf Aöa Aöa Aöa Föf

3 Kak Kak Kak Lal Lal Lal Öaö Öaö Öaö Kak Kak Kak Jaj Jaj Jaj Kak
4 Kak Kak Kak Lal Lal Lal Öaö Öaö Öaö Kak Kak Kak Jaj Jaj Jaj Kak

Wörter

5 All Jak All Jak All Jak All Jak All Jak All Jak All Jak All Ja Fö
6 das All das All das All das All das All das All das All das Ja Fö

7 Fall Kaff Fall Kaff Fall Kaff Fall Kaff Fall Kaff Fall Kaff Fö Ja
8 Lada Fass Lada Fass Lada Fass Lada Fass Lada Fass Lada Fass Fö Ja

9 Kalk Flak Kalk Flak Kalk Flak Kalk Flak Kalk Flak Kalk Flak Ja Fö
10 Saal Falk Saal Falk Saal Falk Saal Falk Saal Falk Saal Falk Fö Ja

Zum Abschluss wieder ein bisschen Gymnastik

1. Setze deinen rechten Ellenbogen auf den Tisch. Umfasse mit der linken Hand dein rechtes Handgelenk, drehe zehnmal deine rechte Hand in Uhrzeigerrichtung und danach zehnmal entgegen der Uhrzeigerrichtung.

2. Führe die gleiche Übung mit der linken Hand durch.

3. Falte deine Hände und knicke sie zehnmal nach links und dann zehnmal nach rechts.

4. Schüttele deine Hände, Arme und Schultern wieder kräftig aus.

Wiederholung muss sein

1. Streiche die Buchstaben an, die in der Grundstellung liegen.

a	x	j	d	s	a	f	l	k	q	ö

2. Nenne für die Grundstellung Willis Spruch.

3. Markiere die Zeichen, bei denen du den rechten Umschalter brauchst.

J	S	A	K	D	L	S	Ö	F	K	D

4. Welches Zeichen wird von dir geschrieben, wenn du die Finger, wie in den Zeilen beschrieben, bewegst? Denke nach und fülle rechts aus.

⇧	nein	+	linker kleiner Finger am Ort	☞	
⇧	links	+	rechter Ringfinger am Ort	☞	
⇧	nein	+	rechter Mittelfinger am Ort	☞	
⇧	nein	+	rechter kleiner Finger am Ort	☞	
⇧	rechts	+	linker kleiner Finger am Ort	☞	
⇧	nein	+	rechter Zeigefinger am Ort	☞	
⇧	links	+	rechter Mittelfinger am Ort	☞	
⇧	rechts	+	linker Ringfinger am Ort	☞	
⇧	links	+	rechter Zeigefinger am Ort	☞	
⇧	rechts	+	linker kleiner Finger am Ort	☞	
⇧	links	+	rechter kleiner Finger am Ort	☞	
⇧	links	+	rechter Mittelfinger am Ort	☞	
⇧	rechts	+	linker Mittelfinger am Ort	☞	

Jetzt kommts „dicke"

Was du eben gelernt hast, solltest du gleich noch einmal wiederholen.

Wir schreiben uns ein

```
1 Aö Ja Sö Ka Dö La Fö Öa Aö Ja Sö Ka Dö La Fö Öa Aö Ja Sö Ka Dö La
2 Jak Fös Jak Fös Jak Fös Jak Fös Jak Fös Jak Fös Jak Fös Jak La La

3 das Öl das Öl das Öl das Öl das Öl das Öl das Öl das Öl das Öl da
4 Alaska Alaska Alaska Alaska Alaska Alaska Alaska Alaska Alaska ja

5 Falk Falk Falk Falk Falk Falk Falk Falk Falk Falk Falk Falk ja da
6 Kaff Kaff Kaff Kaff Kaff Kaff Kaff Kaff Kaff Kaff Kaff Kaff ja da

7 Kajak Kajak Kajak Kajak Kajak Kajak Kajak Kajak Kajak Kajak Kajak
8 Skala Skala Skala Skala Skala Skala Skala Skala Skala Skala Skala
```

Arbeit für die starken Mittelfinger

Was wird Willi wohl mit der Überschrift oben meinen? Schaue bitte auf die Tastaturabbildung, dann geht dir vielleicht ein Licht auf.

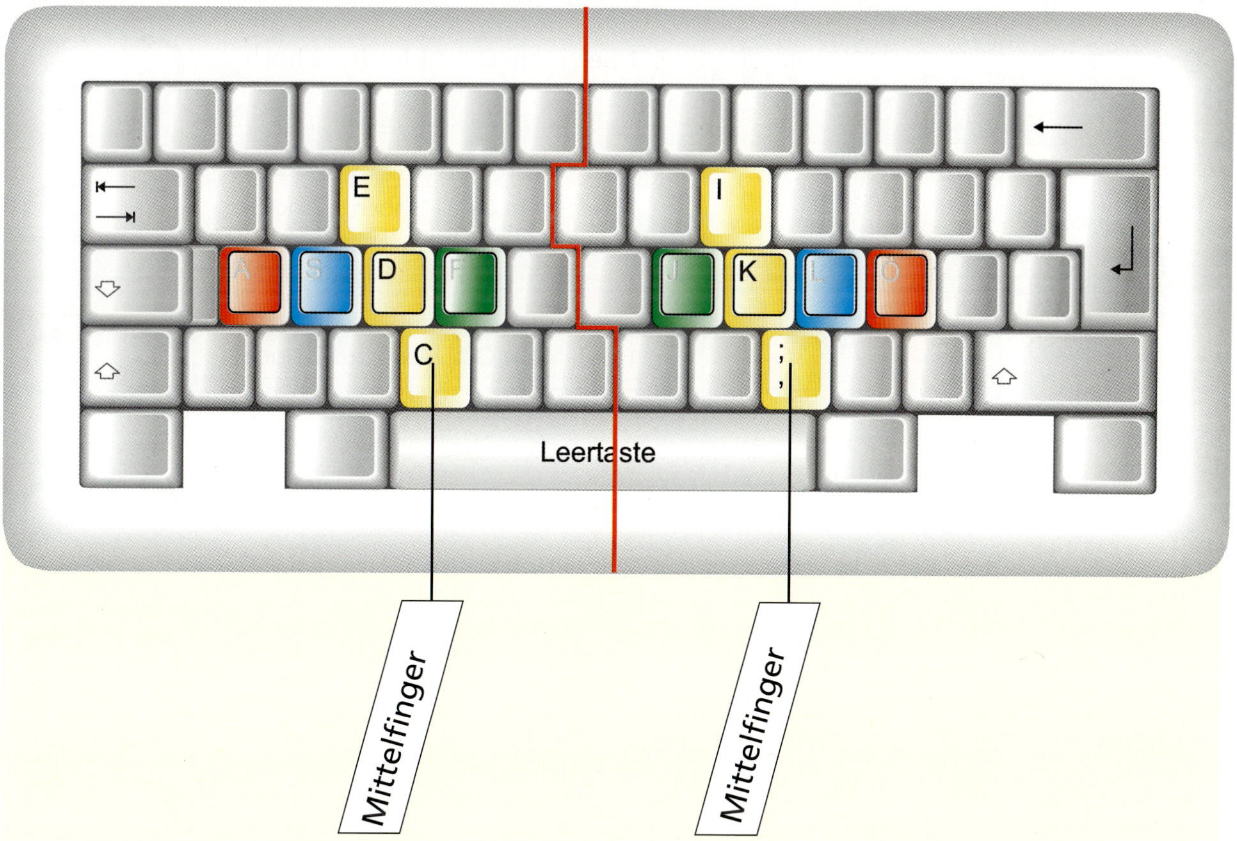

Genau, um das Wort „dicke" schreiben zu können, müssen die gelben Tasten betätigt werden, die zu den Mittelfingern gehören. Die Mittelfinger verlassen bei acht Zeichen die Grundstellung.

Wir überlegen mit Willi, wie das große **E** zu schreiben ist:

E	1 tief	am Ort	1 hoch	2 hoch

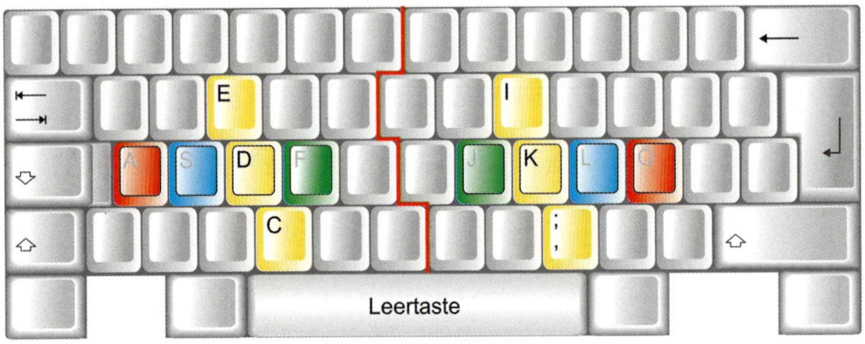

D	1 tief	am Ort	1 hoch	2 hoch
c	1 tief	am Ort	1 hoch	2 hoch
K	1 tief	am Ort	1 hoch	2 hoch
,	1 tief	am Ort	1 hoch	2 hoch
i	1 tief	am Ort	1 hoch	2 hoch
C	1 tief	am Ort	1 hoch	2 hoch
k	1 tief	am Ort	1 hoch	2 hoch
E	1 tief	am Ort	1 hoch	2 hoch

I	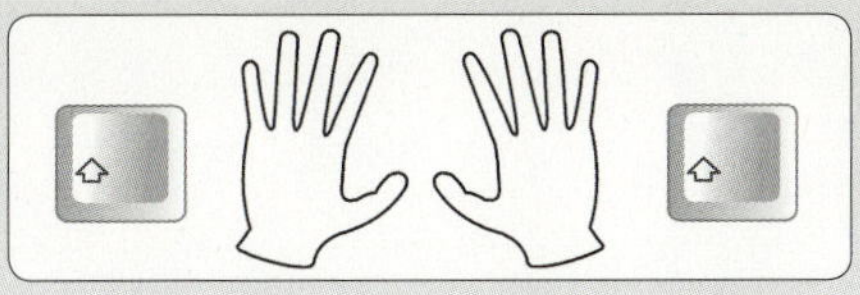	1 tief · am Ort · 1 hoch · 2 hoch	↱ ↰
C	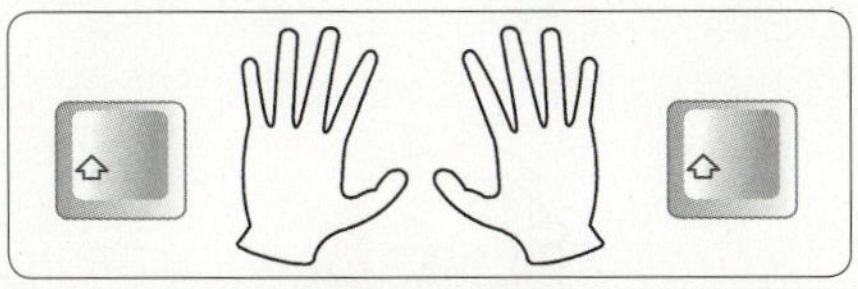	1 tief · am Ort · 1 hoch · 2 hoch	↱ ↰
i	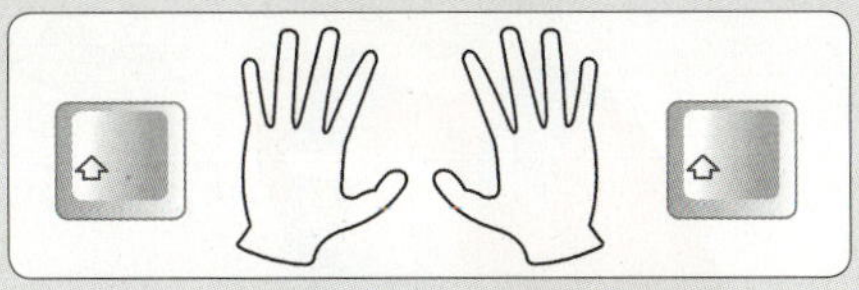	1 tief · am Ort · 1 hoch · 2 hoch	↱ ↰
;	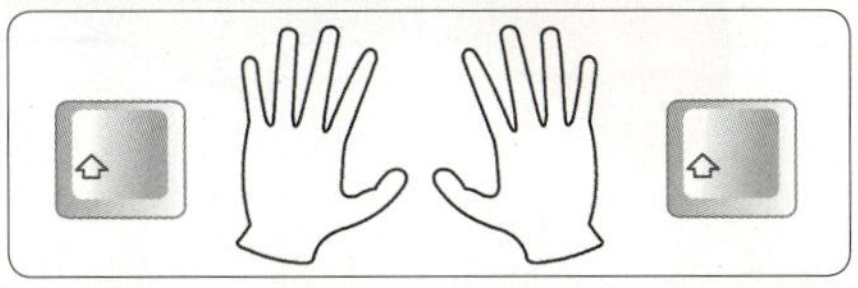	1 tief · am Ort · 1 hoch · 2 hoch	↱ ↰
K	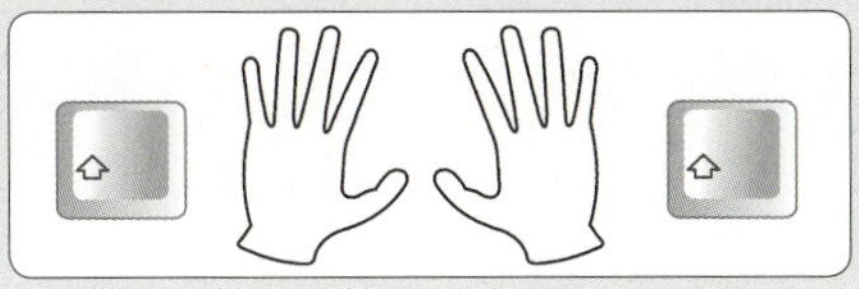	1 tief · am Ort · 1 hoch · 2 hoch	↱ ↰
,	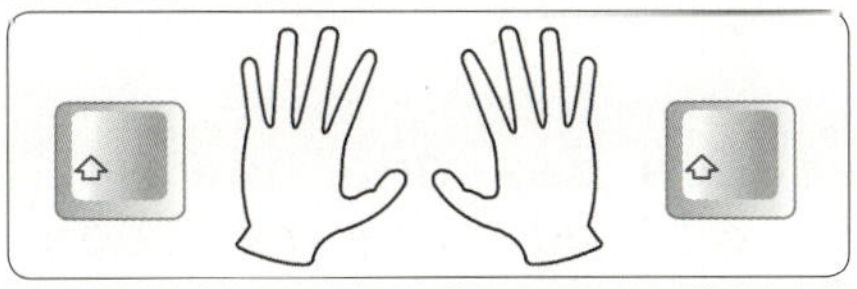	1 tief · am Ort · 1 hoch · 2 hoch	↱ ↰
D	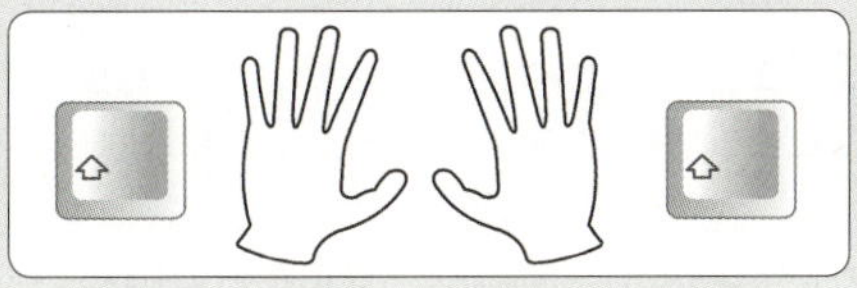	1 tief · am Ort · 1 hoch · 2 hoch	↱ ↰
I	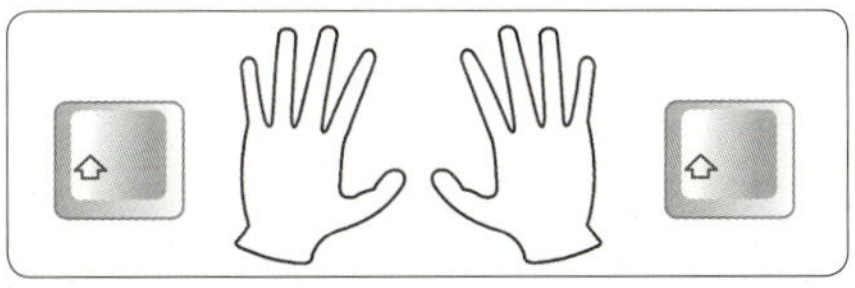	1 tief · am Ort · 1 hoch · 2 hoch	↱ ↰

Willi verrät dir einen genialen Trick. So kannst du dir die Buchstaben, die zum Mittelfinger gehören, besser merken. Präge dir folgende Wortgruppen gut ein.

links E D C — ein Dutzend Cent [1]

interessante kleine Kommas — I K , **rechts**

1 Ein Dutzend Cent sind 12 Cent.

Jetzt geht es wieder an die Tastatur

Tastwege (jede Zeile zweimal hintereinander)

1 ded eded ded eded ded eded ded d
2 ded eded ded eded ded eded ded d

3 dcd cdcd dcd cdcd dcd cdcd dcd d
4 dcd cdcd dcd cdcd dcd cdcd dcd d

5 Dö Cö Dö Cö Dö Cö Dö Cö Dö Cö Dö
6 Cö Dö Cö Dö Cö Dö Cö Dö Cö Dö Cö

7 kik kik kik kik kik kik kik kik k
8 iki kik iki kik iki kik iki kik k

9 ak, sk, dk, fk, jk, kk, lk, ök, k
10 ak, sk, dk, fk, jk, kk, lk, ök, k

11 Ka Ia Ka Ia Ka Ia Ka Ia Ka Ia Ka
12 a; Ka a; Ka a; Ka a; Ka a; Ka a;

Kleine Wörter

1 des des des ade ade ade öde öde öde des des des ade ade ade ade
2 öde öde öde des des des ade ade ade öde öde öde des des des des

3 lila, dick, lila, dick, lila, dick, lila, dick, lila, dick, lila
4 dick, lila, dick, lila, dick, lila, dick, lila, dick, lila, dick

5 die, sie, die, sie, die, sie, die, sie, die, sie, die, sie, die,
6 lös, sie, lös, sie, lös, sie, lös, sie, lös, sie, lös, sie, lös,

Große Wörter

7 Edda Edda Edda Elke Elke Elke Edda Edda Edda Elke Elke Elke Elke
8 Else Else Else Elle Elle Elle Else Else Else Else Elle Elle Elle

9 Dill Dill Dill Kali Kali Kali Dill Dill Dill Kali Kali Kali Dill
10 Kali Kali Kali Dill Dill Dill Kali Kali Kali Dill Dill Dill Kali

11 Ilka Ilka Ilka Ilka Ilka Ilka Ilka Ilka Ilka Ilka Ilka Ilka Ilka
12 Sack Sack Sack Eile Eile Eile Sack Sack Sack Eile Eile Eile Sack

Seil Seil Seil Keil Keil Keil Seil Seil Seil Keil Keil Keil Seil
14 Ilse Ilse Ilse Idee Idee Idee Ilse Ilse Ilse Idee Idee Idee Ilse

Zur Auflockerung wieder Gymnastik

Nimm dir die Übungen von der letzten Lerneinheit wieder vor.

Wir wiederholen

1. Streiche die Buchstaben an, die du mit dem linken Mittelfinger schreibst.

d	x	E	y	e	a	C	c	w	q	D

2. Nenne für die 3 Buchstaben des linken Mittelfingers Willis Spruch.

3. Markiere die Zeichen, die du mit dem rechten Mittelfinger schreibst.

ö	k	,	o	i	p	K	;	i	p	I

4. Wie lautet zu den jeweils 3 richtigen Zeichen der Spruch von Willi?

5. Wenn du die Finger, wie in den folgenden Zeilen beschrieben, bewegst, welches Zeichen wird dann von dir getippt? Denke nach und fülle aus.

	nein	+	linker Mittelfinger eine Reihe hoch	☞	
	rechts	+	linker Mittelfinger am Ort	☞	
	nein	+	linker Mittelfinger am Ort	☞	
	links	+	rechter Mittelfinger am Ort	☞	
	rechts	+	linker Mittelfinger eine Reihe hoch	☞	
	nein	+	rechter Mittelfinger eine Reihe runter	☞	
	links	+	rechter Mittelfinger eine Reihe hoch	☞	
	rechts	+	linker Mittelfinger am Ort	☞	
	rechts	+	linker Mittelfinger 1 Reihe runter	☞	
	nein	+	rechter Mittelfinger am Ort	☞	
	links	+	rechter Mittelfinger am Ort	☞	
	nein	+	rechter Mittelfinger 1 Reihe hoch	☞	

⇧	rechts	+	linker Mittelfinger 1 Reihe hoch	☞
⇧	nein	+	rechter Mittelfinger 1 Reihe hoch	☞
⇧	links	+	rechter Mittelfinger am Ort	☞
⇧	nein	+	linker Mittelfinger am Ort	☞
⇧	rechts	+	linker Mittelfinger 1 Reihe hoch	☞
⇧	rechts	+	linker Mittelfinger 1 Reihe runter	☞
⇧	nein	+	rechter Mittelfinger 1 Reihe runter	☞

6. Etwas Spaß muss sein: Wie heißt der Mittelfinger noch?

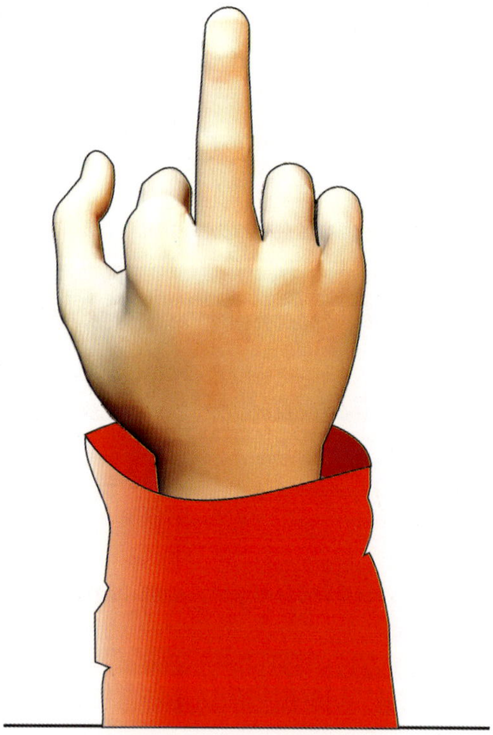

Hinweis: Wenn du den Mittelfinger bestimmten Erwachsenen zeigen solltest, kann das sehr teuer werden!

Zeig es Willi

Übung macht den Meister. Willi hat wieder ein paar Schreibzeilen für dich.

Wir schreiben uns ein

1 edel edel edel jede jede jede edel edel edel jede jede jede edel
2 Esel Esel Esel Ekel Ekel Ekel Esel Esel Esel Ekel Ekel Ekel Esel

3 Aldi Aldi Aldi Didi Didi Didi Aldi Aldi Aldi Didi Didi Didi Aldi
4 Ilka Ilka Ilka Isis Isis Isis Ilka Ilka Ilka Isis Isis Isis Ilka

5 Lied Lied Lied Kiel Kiel Kiel Lied Lied Lied Kiel Kiel Kiel Lied
6 Keil Keil Keil Leid Leid Leid Keil Keil Keil Leid Leid Leid Keil

7 Diele Diele Diele Liese Liese Liese Diele Diele Diele Liese Liese
8 Feile Feile Feile Seife Seife Seife Feile Feile Feile Seife Seife

Arbeit für die flinken Zeigefinger

Die Zeigefinger haben sehr viel zu tun. Sie können es auch verkraften. Erst schauen wir uns die einfachen Tastwege an, dann die schwierigeren.

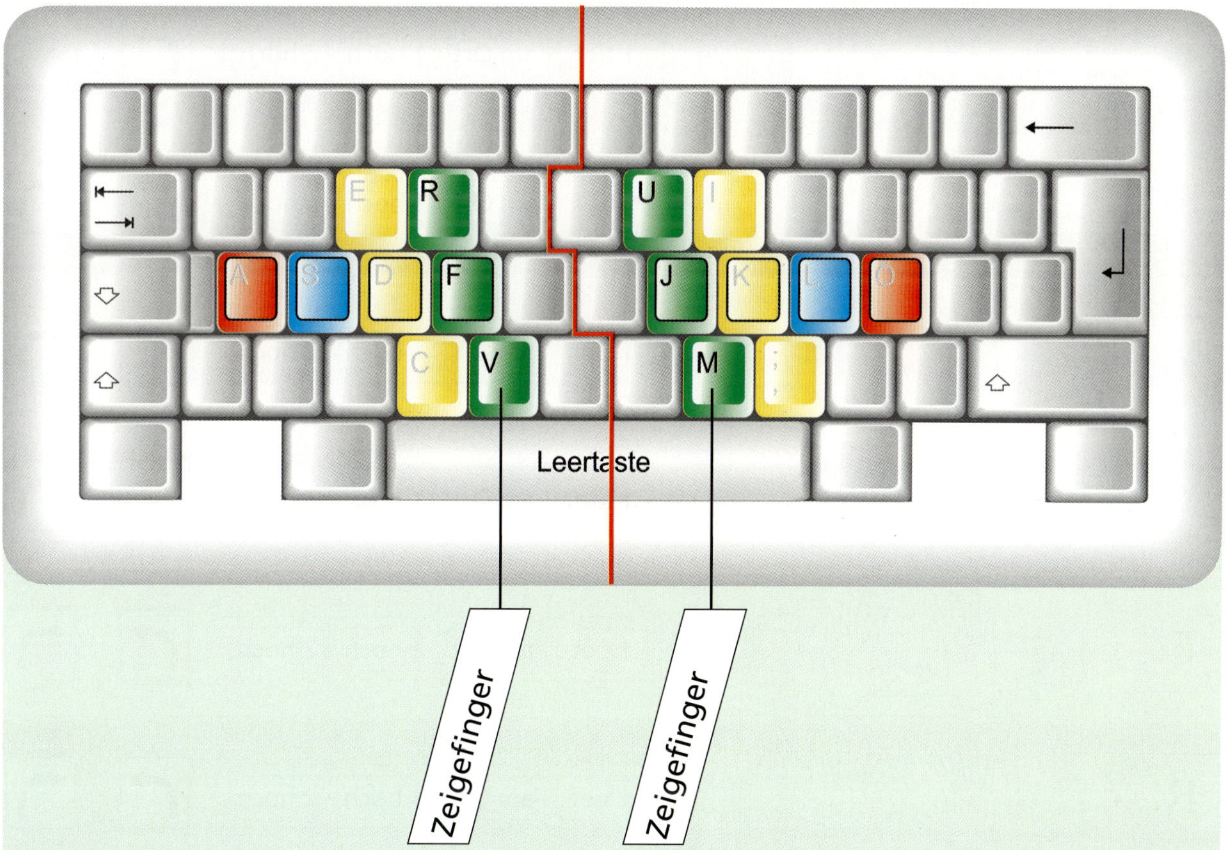

Du siehst, in der Mitte zwischen den grünen Tasten sind noch leere Säulen, die auf die Eroberung durch deine Zeigefinger warten, aber immer der Reihe nach.

Wir überlegen mit Willi, wie das große **R** zu schreiben ist:

R

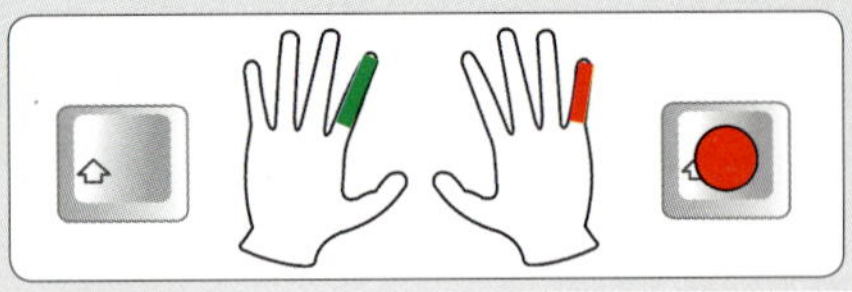

1 tief | am Ort | 1 hoch | 2 hoch

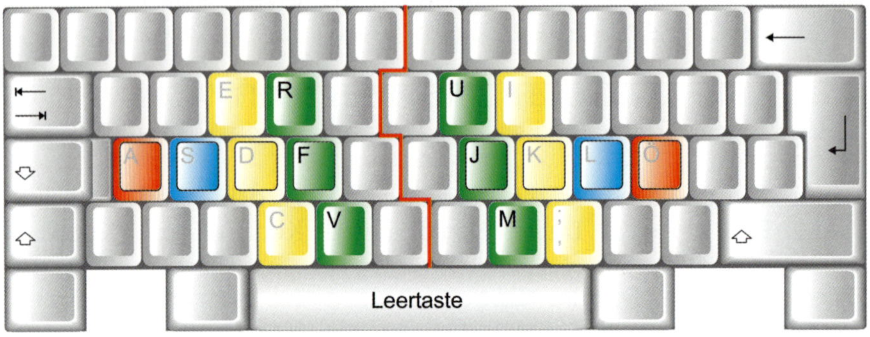

f

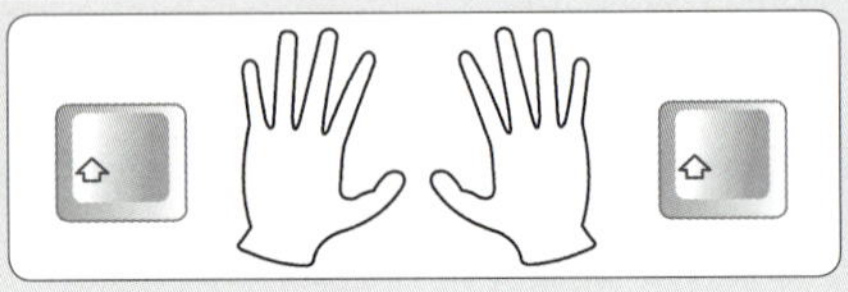

1 tief | am Ort | 1 hoch | 2 hoch

r

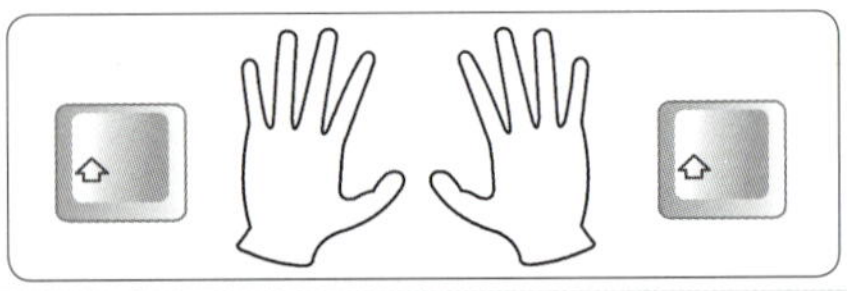

1 tief | am Ort | 1 hoch | 2 hoch

R

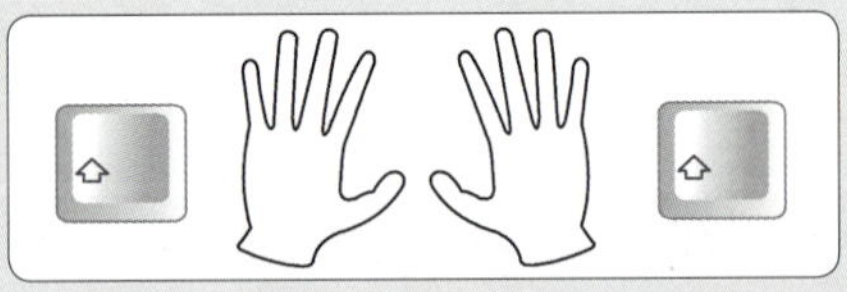

1 tief | am Ort | 1 hoch | 2 hoch

v

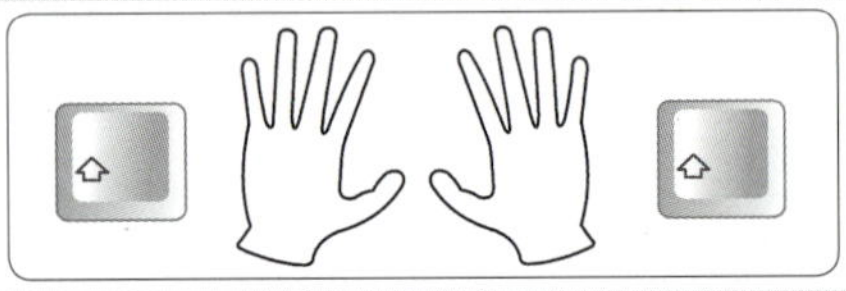

1 tief | am Ort | 1 hoch | 2 hoch

V

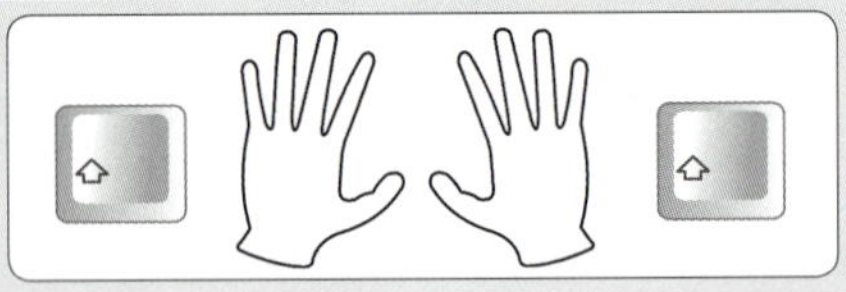

1 tief | am Ort | 1 hoch | 2 hoch

F

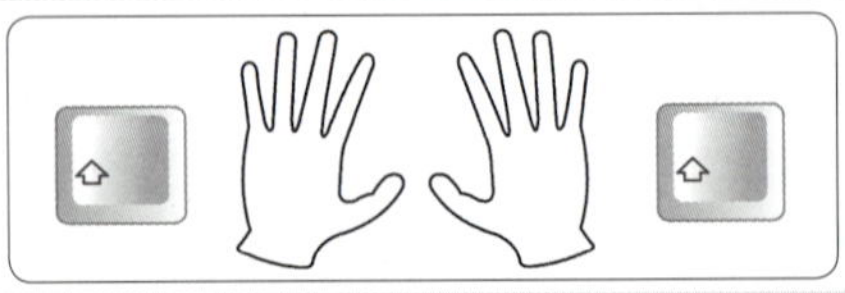

1 tief | am Ort | 1 hoch | 2 hoch

R

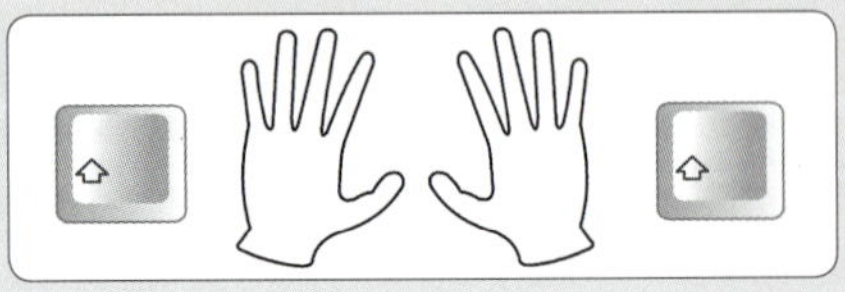

1 tief | am Ort | 1 hoch | 2 hoch

V

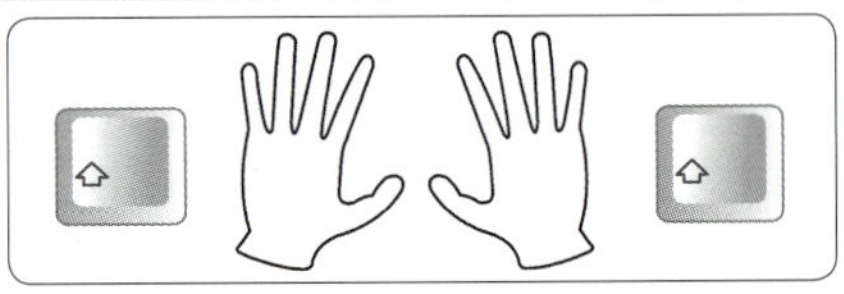

1 tief | am Ort | 1 hoch | 2 hoch

j	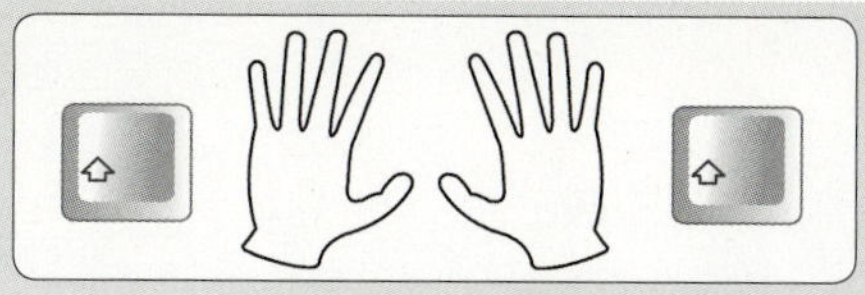	1 tief · am Ort · 1 hoch · 2 hoch	↱ ↰
u	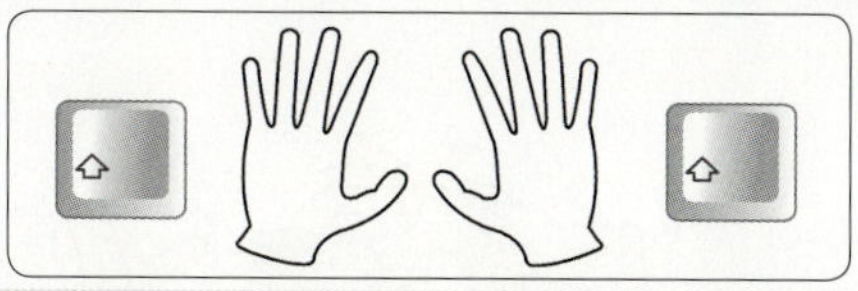	1 tief · am Ort · 1 hoch · 2 hoch	↱ ↰
U	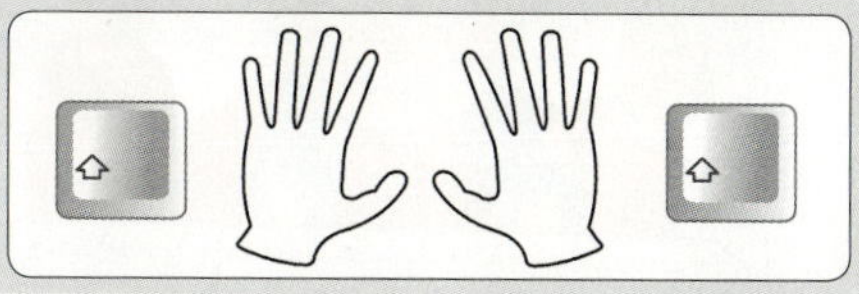	1 tief · am Ort · 1 hoch · 2 hoch	↱ ↰
J	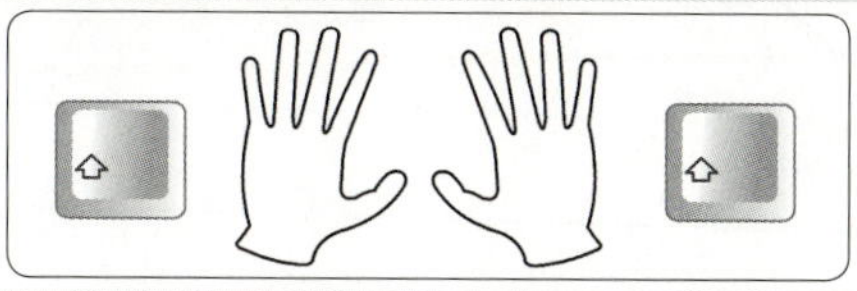	1 tief · am Ort · 1 hoch · 2 hoch	↱ ↰
m	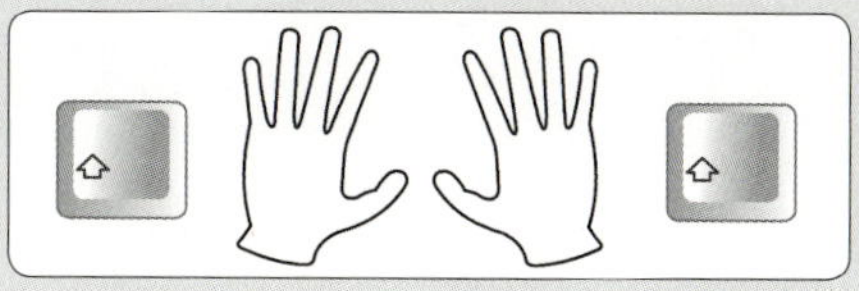	1 tief · am Ort · 1 hoch · 2 hoch	↱ ↰
M	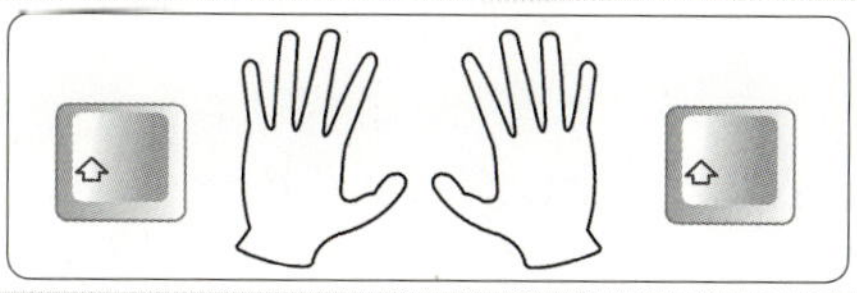	1 tief · am Ort · 1 hoch · 2 hoch	↱ ↰
j	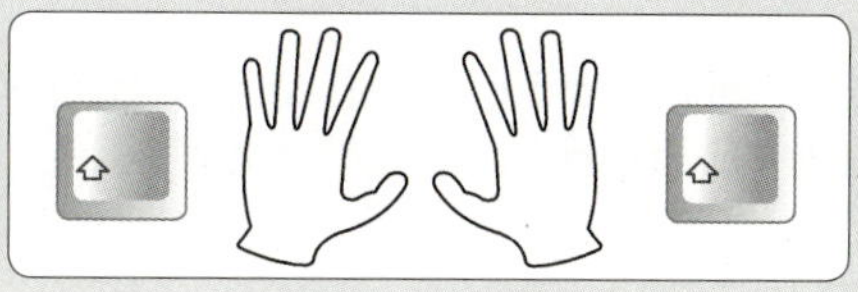	1 tief · am Ort · 1 hoch · 2 hoch	↱ ↰
u	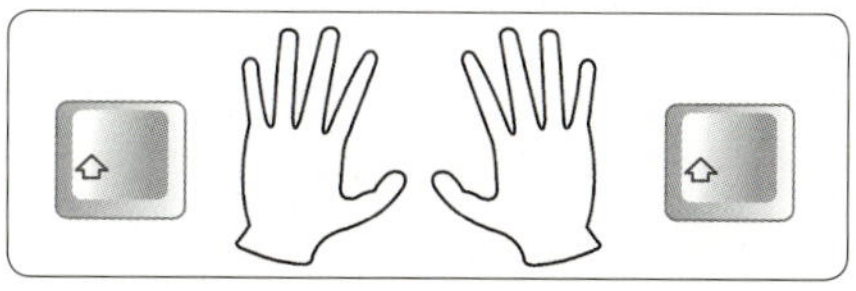	1 tief · am Ort · 1 hoch · 2 hoch	↱ ↰

Willi hat noch einen Trick auf Lager: Er kann sich die Buchstabensäulen besser merken, wenn er sich Wortgruppen ausdenkt. Sieh dir an, welche Wörter er gefunden hat. Vielleicht findest du sogar bessere.

links — R F V — Raben fragen viel

Uhus jagen Mäuse — U J M — rechts

Lass deine Zeigefinger tasten

Tastwege

1 frf frf frf frf frf frf frf frf
2 rfr rfr rfr rfr rfr rfr rfr rfr

3 fvf fvf fvf fvf fvf fvf fvf fvf
4 vfv vfv vfv vfv vfv vfv vfv vfv

5 Rö Vö Rö Vö Rö Vö Rö Vö Rö Vö Rö
6 Vö Rö Vö Rö Vö Rö Vö Rö Vö Rö Vö

7 juj juj juj juj juj juj juj juj
8 uju uju uju uju uju uju uju uju

9 jmj jmj jmj jmj jmj jmj jmj jmj
10 mjm mjm mjm mjm mjm mjm mjm mjm

11 Ua Ma Ua Ma Ua Ma Ua Ma Ua Ma Ua
12 Ma Ua Ma Ua Ma Ua Ma Ua Ma Ua Ma

Kleine Wörter

1 der der der auf auf auf der der der auf auf auf der der der auf
2 dir dir dir aus aus aus dir dir dir aus aus aus dir dir dir aus

3 mal mal mal mir mir mir mal mal mal mir mir mir mal mal mal mir
4 ver ver ver dir dir dir ver ver ver dir dir dir ver ver ver dir

5 frei frei frei rede rede rede frei frei frei rede rede rede frei
6 leer leer leer rufe rufe rufe leer leer leer rufe rufe rufe leer

Wörter mit Großbuchstaben

7 Rad, Rad, Rad, Ruf, Ruf, Ruf, Rad, Rad, Rad, Ruf, Ruf, Ruf, Rad,
8 Ralf Ralf Ralf Reif Reif Reif Ralf Ralf Ralf Reif Reif Reif Ralf

9 Vers Vers Vers Vase Vase Vase Vers Vers Vers Vase Vase Vase Vers
10 Vera Vera Vera Vier Vier Vier Vera Vera Vera Vier Vier Vier Vera

11 Made Made Made Mars Mars Mars Made Made Made Mars Mars Mars Made
12 Maus Maus Maus Mark Mark Mark Maus Maus Maus Mark Mark Mark Maus

13 Ulla Ulla Ulla Ufer Ufer Ufer Ulla Ulla Ulla Ufer Ufer Ufer Ulla
14 Ulli Ulli Ulli Ural Ural Ural Ulli Ulli Ulli Ural Ural Ural Ulli

15 Maul Kuli Maul Kuli Maul Kuli Maul Kuli Maul Kuli Maul Kuli Maul
16 Laus Fred Laus Fred Laus Fred Laus Fred Laus Fred Laus Fred Laus

17 Luke Raum Luke Raum Luke Raum Luke Raum Luke Raum Luke Raum Luke
18 Reim Ader Reim Ader Reim Ader Reim Ader Reim Ader Reim Ader Reim

Zur Auflockerung wieder Gymnastik

1. Verschränke die Arme im Nacken. Hebe und senke den Brustkorb.

2. Balle die Hände zur Faust und öffne sie wieder (insgesamt zehnmal).

3. Lege die Fingerspitzen beider Hände aneinander und drücke deine Hände 10 Sekunden zusammen, dann lasse sie wieder locker. Insgesamt zehnmal.

4. Schüttele deine Hände, Arme und Schultern aus.

Wir wiederholen

1. Streiche die Buchstaben an, die du mit dem linken Zeigefinger schreibst.

d	R	v	f	i	u	V	e	q	M	r

2. Nenne für die 3 Buchstaben des linken Zeigefingers Willis Spruch.

3. Markiere die Zeichen, die du mit dem rechten Zeigefinger schreibst.

ö	U	j	k	m	p	M	R	u	p	f

4. Wie lautet zu den 3 Zeichen des rechten Zeigefingers Willis Spruch?

5. Welches Zeichen wird von dir geschrieben, wenn du die folgenden Finger bewegst? Denke nach und fülle rechts aus.

⇧	*nein*	+	*linker Zeigefinger 1 Reihe hoch*	☞	
⇧	*rechts*	+	*linker Zeigefinger am Ort*	☞	
⇧	*nein*	+	*rechter Zeigefinger am Ort*	☞	
⇧	*links*	+	*rechter Zeigefinger 1 Reihe hoch*	☞	
⇧	*rechts*	+	*linker Zeigefinger 1 Reihe runter*	☞	
⇧	*nein*	+	*rechter Zeigefinger 1 Reihe runter*	☞	
⇧	*links*	+	*rechter Zeigefinger am Ort*	☞	
⇧	*rechts*	+	*linker Zeigefinger am Ort*	☞	
⇧	*rechts*	+	*linker Zeigefinger 1 Reihe hoch*	☞	
⇧	*nein*	+	*rechter Zeigefinger am Ort*	☞	
⇧	*links*	+	*rechter Zeigefinger 1 Reihe runter*	☞	
⇧	*nein*	+	*linker Zeigefinger 1 Reihe runter*	☞	

Nun mach aber einen Punkt

Zunächst wollen wir das Gelernte gleich wiederholen, damit die Finger nicht so vergesslich werden.

Wir schreiben uns ein

```
1 faul faul faul euer euer euer faul faul faul euer euer euer faul
2 viel viel viel male male male viel viel viel male male male viel

3 muss muss muss dumm dumm dumm muss muss muss dumm dumm dumm muss
4 mies mies mies raus raus raus mies mies mies raus raus raus mies

5 Rede Rede Rede Reis Reis Reis Rede Rede Rede Reis Reis Reis Rede
6 Meer Meer Meer Mike Mike Mike Meer Meer Meer Mike Mike Mike Meer

7 Verse Ulme Verse Ulme Verse Ulme Verse Ulme Verse Ulme Verse Ulme
8 Musik Mull Musik Mull Musik Mull Musik Mull Musik Mull Musik Mull
```

Arbeit für die 'wertvollsten' Finger

Du lernst nun, welche Tasten die Ringfinger zu bedienen haben. Willi freut sich schon, denn dann kannst du seinen Namen und ganze Sätze schreiben.

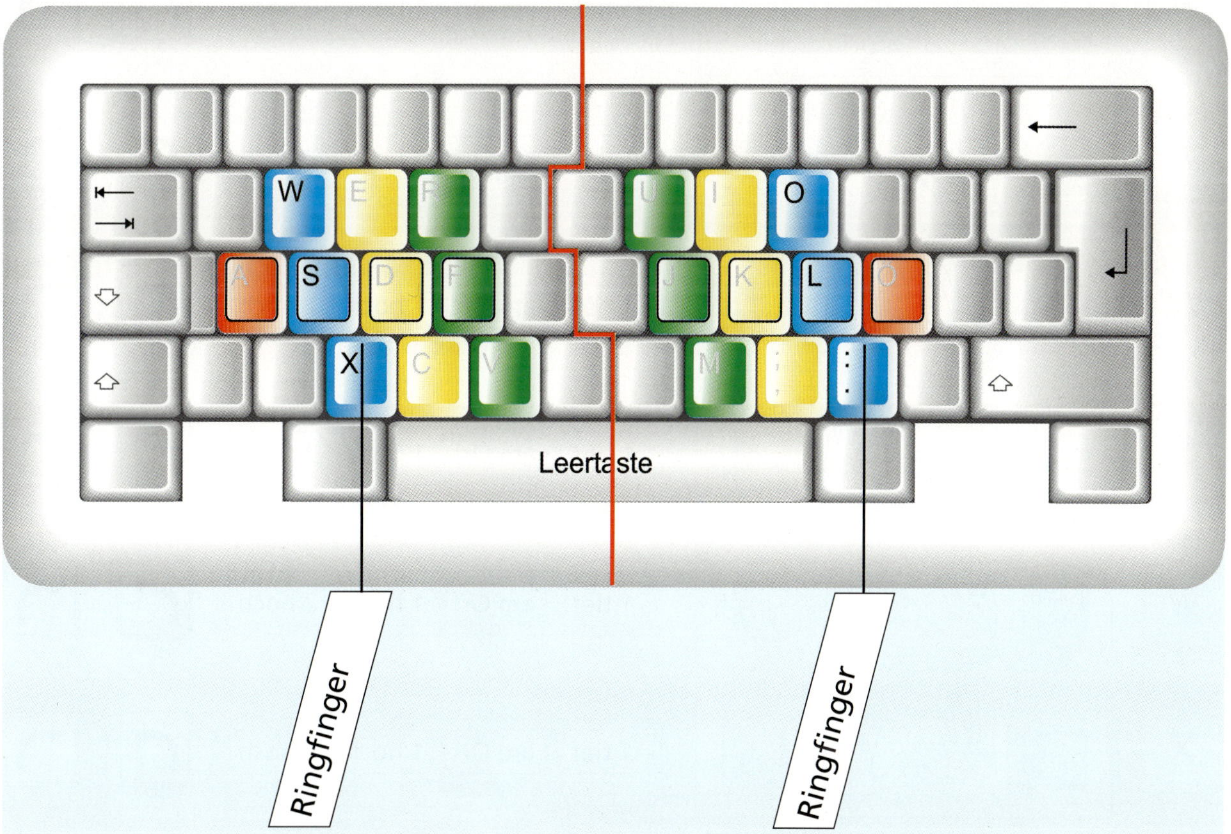

Willi fragt: „Wie endet meist ein Satz?"

Du antwortest: „Mit einem Punkt, mein Schatz."

Wir überlegen mit Willi, wie das große **W** zu schreiben ist:

W	1 tief	am Ort	1 hoch	2 hoch

s	1 tief	am Ort	1 hoch	2 hoch
w	1 tief	am Ort	1 hoch	2 hoch
x	1 tief	am Ort	1 hoch	2 hoch
W	1 tief	am Ort	1 hoch	2 hoch
S	1 tief	am Ort	1 hoch	2 hoch
w	1 tief	am Ort	1 hoch	2 hoch
X	1 tief	am Ort	1 hoch	2 hoch
W	1 tief	am Ort	1 hoch	2 hoch

Wir überlegen mit Willi, wie das große **O** zu schreiben ist:

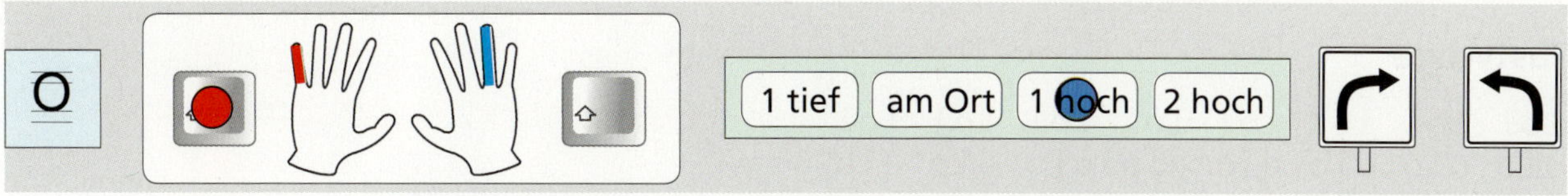

Lass den Ring(finger) dran

Tastwege

1 lol lol lol lol lol lol lol lol
2 olo olo olo olo olo olo olo olo

3 al. sl. dl. fl. jl. kl. ll. öl.
4 al. sl. dl. fl. jl. kl. ll. öl.

5 Oa Oa Oa Oa Oa Oa Oa Oa Oa Oa Oa
6 a: s: a: d: a: f: a: j: a: k: a:

7 sws sws sws sws sws sws sws sws
8 wsw wsw wsw wsw wsw wsw wsw wsw

9 sxs sxs sxs sxs sxs sxs sxs sxs
10 xsx xsx xsx xsx xsx xsx xsx xsx

11 Wö Wö Wö Wö Wö Wö Wö Wö Wö Wö Wö
12 La La La La La La La La La La La

Kleine Wörter

1 wer wer wer was was was wer wer wer was was was wer wer wer was
2 wie wie wie wir wir wir wie wie wie wir wir wir wie wie wie wir

3 fix fix fix mix mix mix fix fix fix mix mix mix fix fix fix mix
4 los los los vom vom vom los los los vom vom vom los los los vom

5 will. will. will. soll. soll. soll. will. will. will. soll. soll.
6 lose. lose. lose. wird. wird. wird. lose. lose. lose. wird. wird.

7 komm. weil. komm. weil. komm. weil. komm. weil. komm. weil. komm.
8 voll. fror. voll. fror. voll. fror. voll. fror. voll. fror. voll.

Wörter mit Großbuchstaben und erste Sätze

9 Werk Wald Werk Werk Wald Werk Wald Werk Wald Werk Wald Werk Wald
10 Wild Wurf Wild Wurf Wild Wurf Wild Wurf Wild Wurf Wild Wurf Wild

11 Olaf Oder Olaf Oder Olaf Oder Olaf Oder Olaf Oder Olaf Oder Olaf
12 Ossi Oslo Ossi Oslo Ossi Oslo Ossi Oslo Ossi Oslo Ossi Oslo Ossi

13 Willi Willi Willi Xaver Xaver Xaver Willi Willi Willi Xaver Xaver
14 Waffe Waffe Waffe Wiese Wiese Wiese Waffe Waffe Waffe Wiese Wiese

15 Willi lief los. Willi rief Frau Meier. Willi kam im Sommer. Willi 72
16 fror im Wald. Willi war im Juli faul. Willi, rolle das Fass Cola. 143

17 Das Fass Wasser war voll. Die Maus lief im Wald. Die Ware war der 216
18 Oma. Xaver warf das Messer. Lore war locker. Die Oma kam im Rock. 289

Zur Auflockerung wieder Gymnastik

1. Winkle die Arme an und drehe die Hände im Handgelenk nach links und nach rechts. Wiederhole mehrmals!

2. Nimm die Arme nach oben und greife immer höher. Rolle anschließend die Schultern.

3. Schüttele die Hände, Arme und Schultern aus.

Willi hat wieder zwei Wortgruppen, die du dir einprägen solltest, damit du nicht vergisst, welche Tasten zu den Ringfingern gehören.

links

Willi spielt Xylofon[1]

Omas lieben Punkte

rechts

1 Ein Xylofon ist ein Holzinstrument, auf dem mit kleinen Hämmerchen Musik gemacht wird.

Wir wiederholen

1. Streiche die Buchstaben an, die du mit dem linken Ringfinger schreibst.

d	s	v	f	w	x	V	e	X	W	v

2. Nenne für die 3 Buchstaben des linken Ringfingers Willis Spruch.

3. Markiere die Zeichen, die du mit dem rechten Ringfinger schreibst.

O	.	j	U	m	o	M	:	u	p	l

4. Wie lautet der Spruch von Willi zu den 3 Zeichen des linken Ringfingers?

5. Welches Zeichen wird von dir geschrieben, wenn du die folgenden Finger bewegst? Denke nach und fülle rechts aus.

⇧	nein	+	linker Ringfinger 1 Reihe hoch	☞	
⇧	rechts	+	linker Ringfinger am Ort	☞	
⇧	nein	+	rechter Ringfinger am Ort	☞	
⇧	links	+	rechter Ringfinger 1 Reihe hoch	☞	
⇧	rechts	+	linker Ringfinger 1 Reihe runter	☞	
⇧	nein	+	rechter Ringfinger 1 Reihe runter	☞	
⇧	links	+	rechter Ringfinger am Ort	☞	
⇧	rechts	+	linker Ringfinger am Ort	☞	
⇧	rechts	+	linker Ringfinger 1 Reihe hoch	☞	
⇧	nein	+	rechter Ringfinger am Ort	☞	
⇧	links	+	rechter Ringfinger 1 Reihe runter	☞	
⇧	nein	+	linker Ringfinger 1 Reihe runter	☞	

Zeig es Willi noch einmal

Früh übt sich, wer ein (Tast-)Meister werden will. Willi denkt sich immer neue Übungen für dich aus, damit du vorwärts kommst.

Wir schreiben uns ein

```
1 weil lose weil lose weil lose weil lose weil lose weil lose weil
2 warf voll warf voll warf voll warf voll warf voll warf voll warf

3 wild wild wild komm komm komm wild wild wild komm komm komm wild
4 welk also welk also welk also welk also welk also welk also welk

5 Oma, Oma, Oma, Wok, Wok, Wok, Oma, Oma, Oma, Wok, Wok, Wok, Oma,
6 Oslo Oslo Oslo Dock Dock Dock Oslo Oslo Oslo Dock Dock Dock Oslo

7 Wolle Wurm Wolle Wurm Wolle Wurm Wolle Wurm Wolle Wurm Wolle Wurm
8 Willi kam aus Weimar. Willi warf das Seil. Willi, lecke am Lolli.
```

Hier geht es entlang

Bevor wir uns mit weiteren Tasten befassen, die zu den Zeigefingern gehören, hat Willi ein kleines Bilderrätsel für dich. Willi ist ein Schauspieler und stellt gern andere Menschen und Tätigkeiten dar. Finde heraus, welche Menschen und Tätigkeiten Willi darstellt. Die Anfangsbuchstaben schreibst du in die Kästchen darunter. Liest du alle Buchstaben hintereinander, ergeben sie einen Sinn. Auf der nächsten Seite geht es dann richtig los mit den Zeigefingern.

Was macht Willi?

Wir überlegen mit Willi, wie das große **T** zu schreiben ist:

T	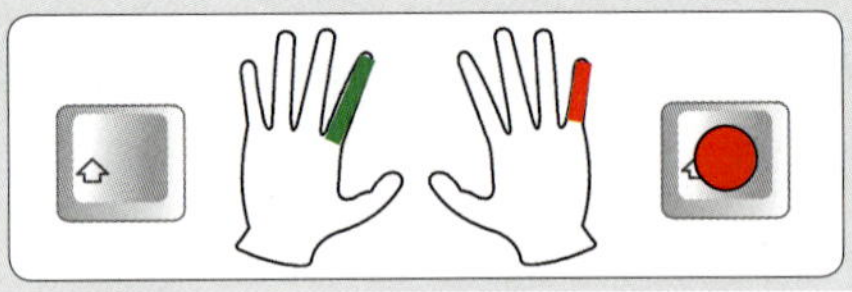	1 tief	am Ort	1 hoch	2 hoch	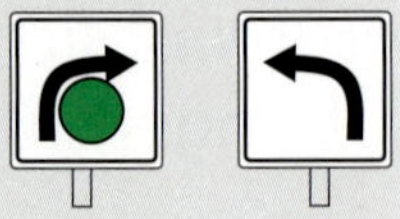

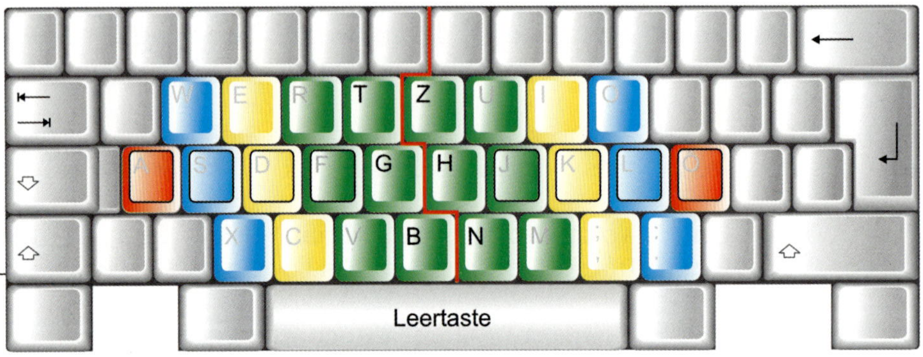

t	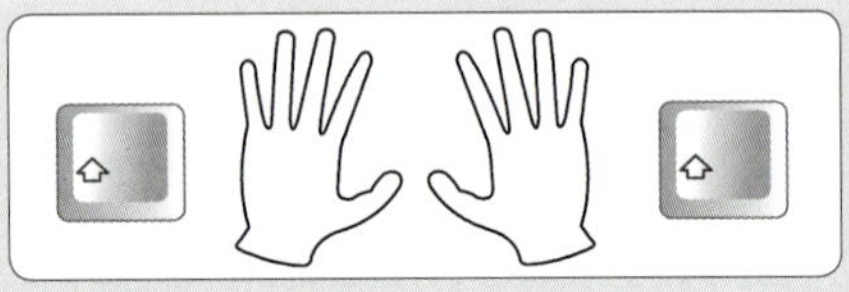	1 tief	am Ort	1 hoch	2 hoch	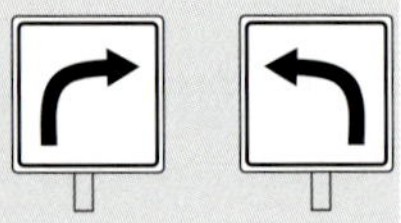
g	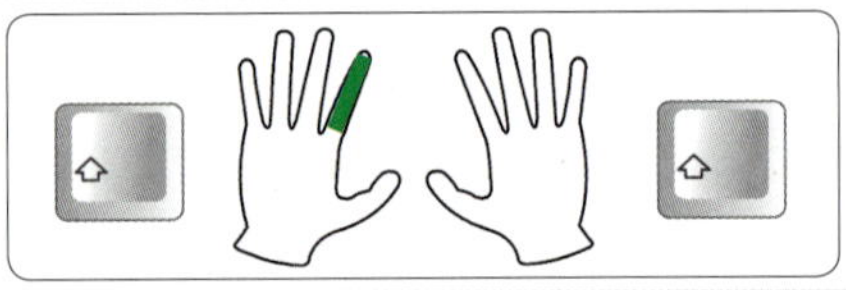	1 tief	am Ort	1 hoch	2 hoch	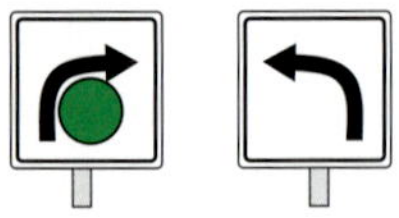
T	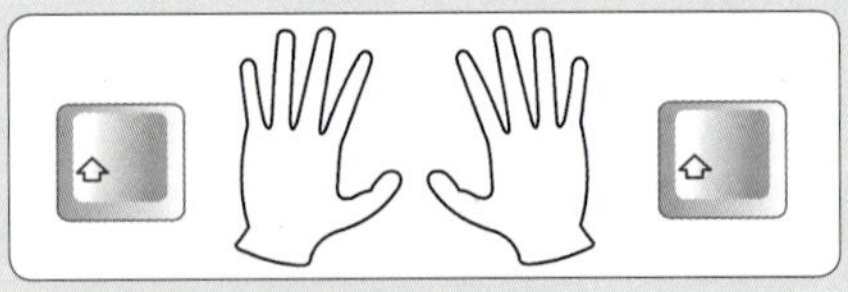	1 tief	am Ort	1 hoch	2 hoch	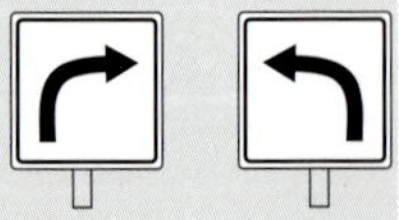
f	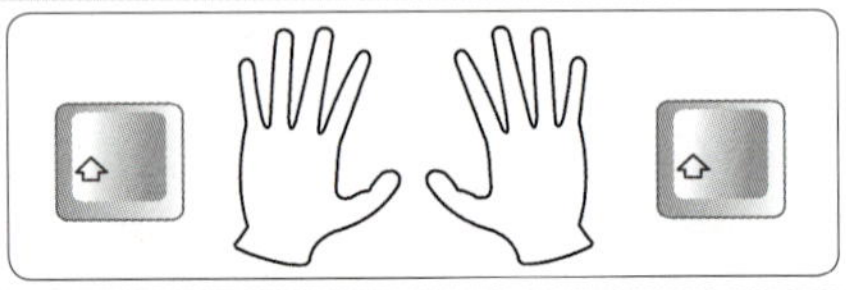	1 tief	am Ort	1 hoch	2 hoch	
G	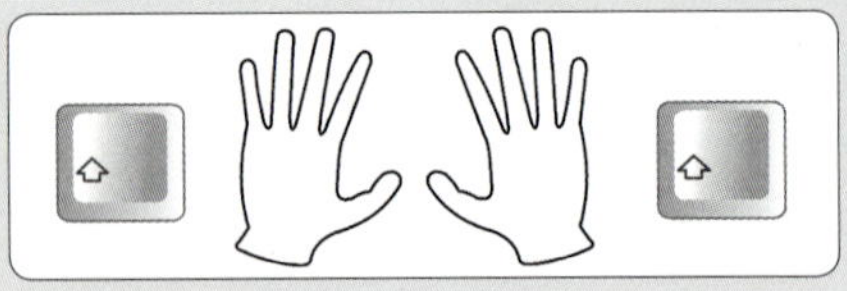	1 tief	am Ort	1 hoch	2 hoch	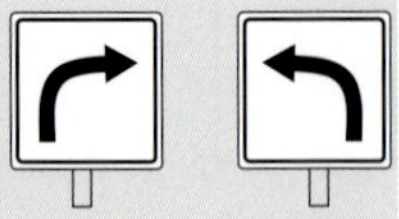
T	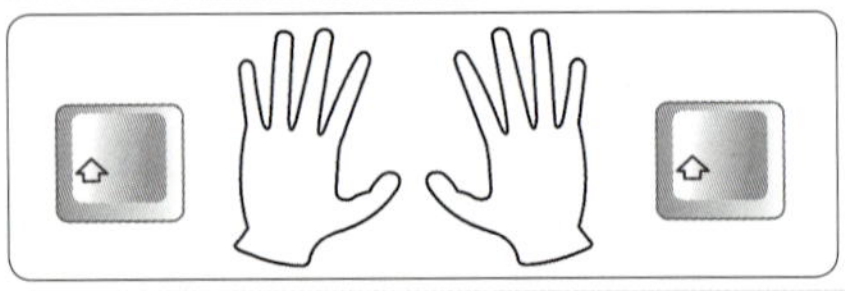	1 tief	am Ort	1 hoch	2 hoch	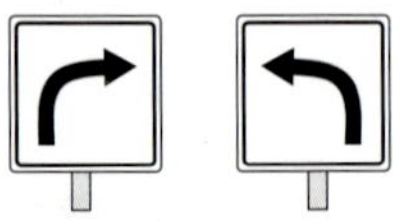
t	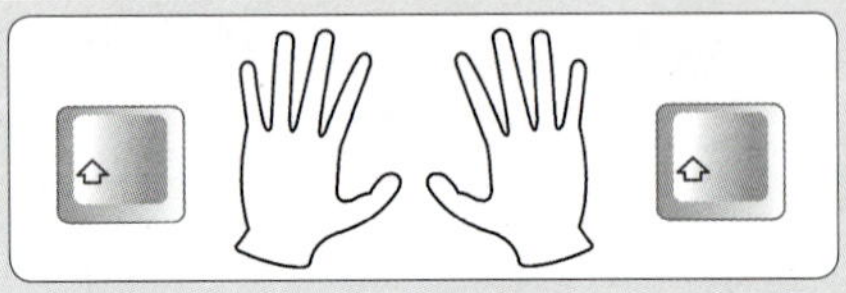	1 tief	am Ort	1 hoch	2 hoch	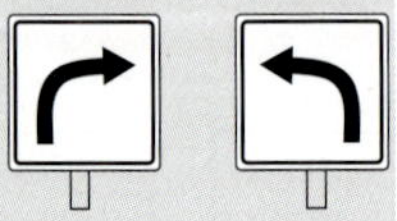
r	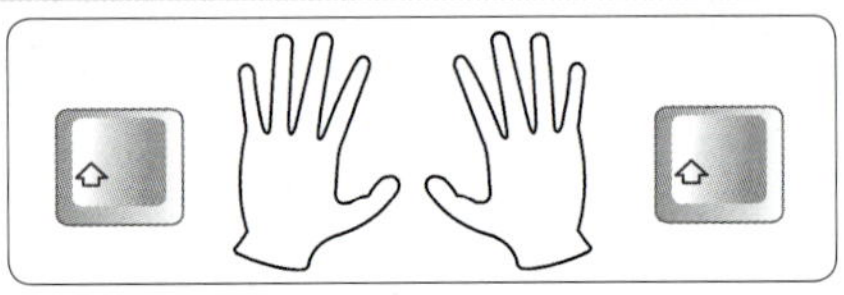	1 tief	am Ort	1 hoch	2 hoch	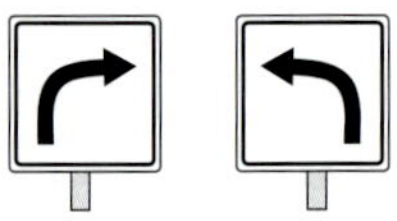

Wir überlegen mit Willi, wie das große **Z** zu schreiben ist:

Z	1 tief	am Ort	1 hoch	2 hoch

z	1 tief	am Ort	1 hoch	2 hoch
h	1 tief	am Ort	1 hoch	2 hoch
H	1 tief	am Ort	1 hoch	2 hoch
z	1 tief	am Ort	1 hoch	2 hoch
Z	1 tief	am Ort	1 hoch	2 hoch
h	1 tief	am Ort	1 hoch	2 hoch
Z	1 tief	am Ort	1 hoch	2 hoch
H	1 tief	am Ort	1 hoch	2 hoch

Wir überlegen mit Willi, wie das große **B** zu schreiben ist:

B	1 tief	am Ort	1 hoch	2 hoch

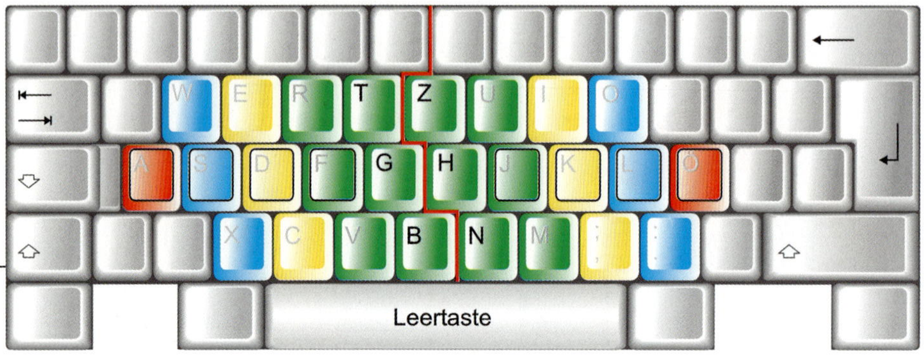

g	1 tief	am Ort	1 hoch	2 hoch
b	1 tief	am Ort	1 hoch	2 hoch
B	1 tief	am Ort	1 hoch	2 hoch
G	1 tief	am Ort	1 hoch	2 hoch
b	1 tief	am Ort	1 hoch	2 hoch
g	1 tief	am Ort	1 hoch	2 hoch
B	1 tief	am Ort	1 hoch	2 hoch
b	1 tief	am Ort	1 hoch	2 hoch

Wir überlegen mit Willi, wie das große **N** zu schreiben ist:

N	1 tief	am Ort	1 hoch	2 hoch

h	1 tief	am Ort	1 hoch	2 hoch
n	1 tief	am Ort	1 hoch	2 hoch
N	1 tief	am Ort	1 hoch	2 hoch
H	1 tief	am Ort	1 hoch	2 hoch
n	1 tief	am Ort	1 hoch	2 hoch
h	1 tief	am Ort	1 hoch	2 hoch
N	1 tief	am Ort	1 hoch	2 hoch
H	1 tief	am Ort	1 hoch	2 hoch

Zeig mal, was du kannst

Tastwege (jede Zeile zweimal hintereinander)

1 fgf fgf fgf fgf fgf fgf fgf fgf
2 frt frt frt frt frt frt frt frt

3 fgb fgb fgb fgb fgb fgb fgb fgb
4 jhj jhj jhj jhj jhj jhj jhj jhj

5 juz juz juz juz juz juz juz juz
6 jhn jhn jhn jhn jhn jhn jhn jhn

7 Gö Gö Gö Gö Gö Gö Gö Gö Gö Gö Gö
8 Tö Tö Tö Tö Tö Tö Tö Tö Tö Tö Tö

9 Bö Bö Bö Bö Bö Bö Bö Bö Bö Bö Bö
10 Ha Ha Ha Ha Ha Ha Ha Ha Ha Ha Ha

11 Za Za Za Za Za Za Za Za Za Za Za
12 Za Za Za Za Za Za Za Za Za Za Za

Kleine Wörter

1 half half half grau grau grau half half half grau grau grau half
2 lag, lag, lag, sah, sah, sah, lag, lag, lag, sah, sah, sah, lag,

3 bald bald bald nein nein nein bald bald bald nein nein nein bald
4 lebe lebe lebe sind sind sind lebe lebe lebe sind sind sind lebe

5 zwei zwei zwei trat trat trat zwei zwei zwei trat trat trat zwei
6 fest fest fest kurz kurz kurz fest fest fest kurz kurz kurz fest

Wörter mit Großbuchstaben und neue Sätze

7 Gas, Gas, Gas, Hof, Hof, Hof, Gas, Gas, Gas, Hof, Hof, Hof, Gas,
8 Glas Glas Glas Hahn Hahn Hahn Glas Glas Glas Hahn Hahn Hahn Glas

9 Nase Nase Nase Baum Baum Baum Nase Nase Nase Baum Baum Baum Nase
10 Zahn Zahn Zahn Tier Tier Tier Zahn Zahn Zahn Tier Tier Tier Zahn

11 Willi half Nina gern. Gerhard gefiel die Glaskugel. Unser Lehrer 71
12 sah alle Fehler. Am Laufziel standen Zelte. Die Autos sind grau. 142

13 Das gelbe Kleid war ganz neu. Die Mutter gab ihm das Geld. Heute 213
14 ist Freitag. Die Tinte ist trocken. Die Sitze sind schon fertig. 283

15 Der Zug raste die Schienen entlang. Bald ist es Zeit ins Bett zu 354
16 gehen. Im Zoo sah ich ein junges Zebra. Bei Rot musst du halten. 424

17 Ich wandere gern am Rennsteig. Gestern gab es Braten. Vati joggt 494
18 abends gern. Nanni trinkt oft Brause. Mutti kochte öfter Nudeln. 563

19 Bennet liest gern ein Buch. Im Internet gibt es viele Webseiten. 633
20 Nanni surft oft im Internet. Hanne besucht ihre Tanten in Greiz. 703

Willi turnt wieder vor

1. Hakele deine Hände vor der Brust ineinander. Versuche die Hände kräftig auseinander zu ziehen (nicht loslassen) und bis 10 zählen. Dann die Hände lösen und kräftig ausschütteln.

2. Sitze gerade. Hebe langsam den Kopf bis du zur Decke schaust und senke dann den Kopf (zehnmal).

3. Lege die Fingerspitzen auf die Schultern und kreise mit Armen und Schultern: erst nach vorn, dann nach hinten. Wieder zehnmal.

4. Neige den Kopf langsam nach links, als wenn du das linke Ohr auf die Schulter legen wolltest, wieder hoch (fünfmal). Das Gleiche nach rechts.

5. Schüttele Hände, Arme und Schultern aus.

Wir wiederholen

1. Streiche die Buchstaben an, die du mit dem linken Zeigefinger schreibst.

T	s	u	d	b	g	i	e	w	G	B

2. Überlege an Stelle von Willi einen Spruch für die Buchstaben t, g und b.

3. Markiere die Zeichen, die du mit dem rechten Zeigefinger schreibst.

k	z	F	f	Z	n	g	:	h	H	N

4. Überlege an Willis Stelle einen Spruch für die Buchstaben z, h und n.

5. Welches Zeichen wird von dir geschrieben, wenn du die folgenden Finger bewegst? Denke nach und fülle rechts aus.

⇧	rechts	+	linker Zeigefinger 1 Reihe rechts hoch	☞
⇧	rechts	+	linker Zeigefinger 1 Reihe nach rechts unten	☞
⇧	nein	+	rechter Zeigefinger 1 Reihe links hoch	☞
⇧	links	+	rechter Zeigefinger nach links spreizen	☞
⇧	links	+	rechter Zeigefinger 1 Reihe nach links unten	☞
⇧	nein	+	rechter Zeigefinger 1 Reihe nach links unten	☞
⇧	links	+	rechter Zeigefinger am Ort	☞
⇧	rechts	+	linker Zeigefinger nach rechts spreizen	☞
⇧	links	+	rechter Zeigefinger eine Reihe links hoch	☞
⇧	nein	+	rechter Zeigefinger nach links spreizen	☞
⇧	links	+	rechter Zeigefinger nach links spreizen	☞
⇧	nein	+	linker Zeigefinger 1 Reihe nach rechts unten	☞

Klein, aber fein

Bevor wir die Tastwege für die kleinen Finger behandeln, wollen wir noch einmal wiederholen.

Wir schreiben oft mit dem Zeigefinger

Schreibe folgende Zeilen ab.

```
1 sag rot sag rot sag rot sag rot sag rot sag rot sag rot sag rot
2 ich wog ich wog ich wog ich wog ich wog ich wog ich wog ich wog

3 Uhr, Uhr, Uhr, Tag, Tag, Tag, Uhr, Uhr, Uhr, Tag, Tag, Tag, Uhr,
4 Geld Hose Geld Zeit Turm Zeit Turm Geld Hose Geld Hose Zeit Turm

5 Teil Teil Teil Zahl Zahl Zahl Teil Teil Teil Zahl Zahl Zahl Teil
6 Bahn Bahn Bahn Note Note Note Bahn Bahn Bahn Note Note Note Bahn
```

Gibt es Buchstaben, die wir noch nicht geschrieben haben?

Der Vorname von Willis Freundin Jenny endet mit **y.** Um diesen Buchstaben schreiben zu können, nehmen wir den linken kleinen Finger. Für die kleinen Finger gibt es sehr viele Tasten. Allerdings brauchen wir ein **Q, Y, Ö** oder **P** nur selten, jedoch ein **A** recht oft. Und einen Strich müssen wir nur manchmal schreiben, z. B. wenn wir einen Bindestrich oder einen Silbentrennungsstrich benötigen. Die kleinen Finger sind vor allem mit der Umschaltung beschäftigt.

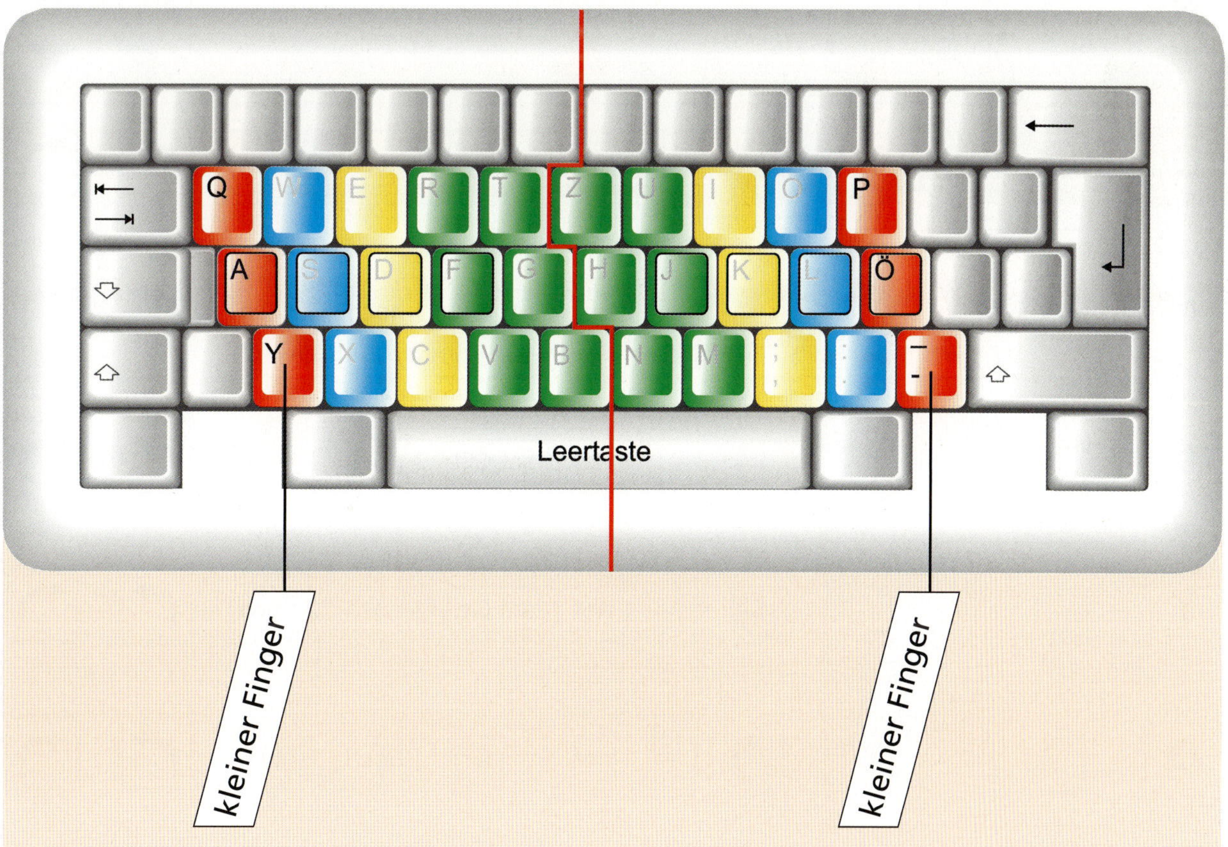

Wir überlegen mit Willi, wie das große **Q** zu schreiben ist:

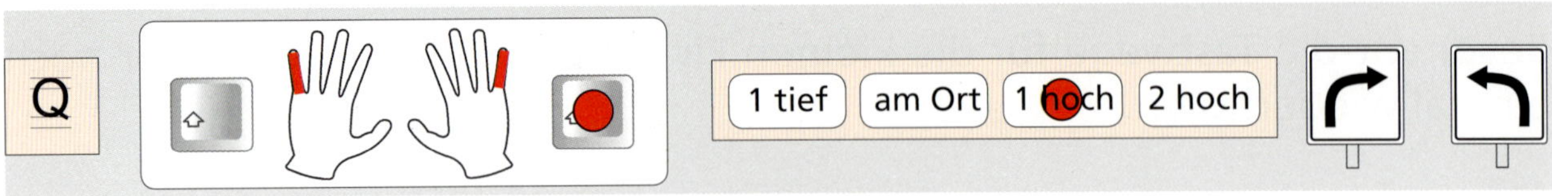

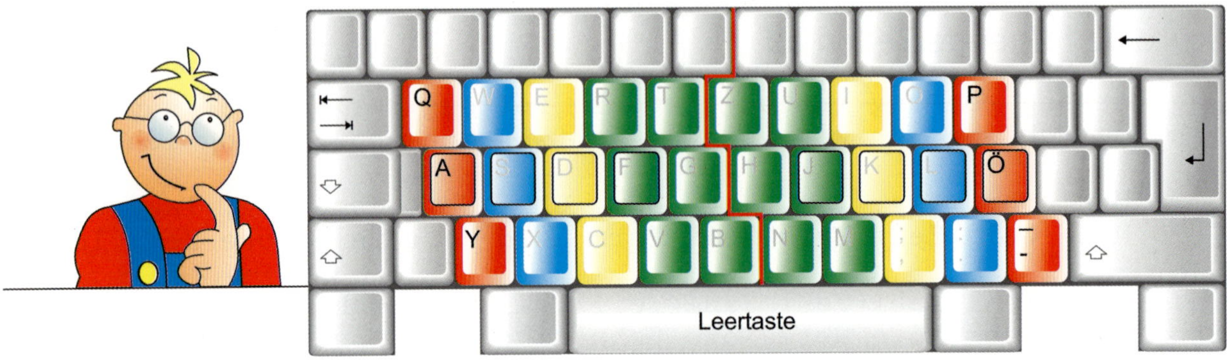

q	1 tief	am Ort	1 hoch	2 hoch
y	1 tief	am Ort	1 hoch	2 hoch
A	1 tief	am Ort	1 hoch	2 hoch
Q	1 tief	am Ort	1 hoch	2 hoch
a	1 tief	am Ort	1 hoch	2 hoch
q	1 tief	am Ort	1 hoch	2 hoch
Y	1 tief	am Ort	1 hoch	2 hoch
Q	1 tief	am Ort	1 hoch	2 hoch

Wir überlegen mit Willi, wie das große **P** zu schreiben ist:

P	1 tief	am Ort	1 hoch	2 hoch	

ö	1 tief	am Ort	1 hoch	2 hoch
p	1 tief	am Ort	1 hoch	2 hoch
-	1 tief	am Ort	1 hoch	2 hoch
P	1 tief	am Ort	1 hoch	2 hoch
_	1 tief	am Ort	1 hoch	2 hoch
Ö	1 tief	am Ort	1 hoch	2 hoch
P	1 tief	am Ort	1 hoch	2 hoch
-	1 tief	am Ort	1 hoch	2 hoch

Futter für die kleinen Finger

Tastwege (jede Zeile zweimal schreiben)

1 aqa aqa aqa aqa aqa aqa aqa aqa
2 qaq aqa qaq aqa qaq aqa qaq aqa

3 aya aya aya aya aya aya aya aya
4 yay yay yay yay yay yay yay yay

5 Yö Yö Yö Yö Yö Yö Yö Yö Yö Yö Yö
6 Qu Qu Qu Qu Qu Qu Qu Qu Qu Qu Qu

7 öpö öpö öpö öpö öpö öpö öpö öpö
8 pöp pöp pöp pöp pöp pöp pöp pöp

9 ö-ö ö-ö ö-ö ö-ö ö-ö ö-ö ö-ö ö-ö
10 -ö- -ö- -ö- -ö- -ö- -ö- -ö- -ö-

11 Pa Pa Pa Pa Pa Pa Pa Pa Pa Pa Pa
12 _a _a _a _a _a _a _a _a _a _a _a

Kleine Wörter

1 quer quer quer plus plus plus quer quer quer plus plus plus quer
2 quak quak quak piep piep piep quak quak quak piep piep piep quak

3 quasi quasi quasi prima prima prima quasi quasi quasi prima prima
4 quoll quoll quoll platt platt platt quoll quoll quoll platt platt

5 quitt quitt quitt prima prima prima quitt quitt quitt prima prima
6 quakt quakt quakt pumpt pumpt pumpt quakt quakt quakt pumpt pumpt

Wörter mit Großbuchstaben und Sätze

7 Qual Qual Qual Qual Qual Paar Paar Paar Paar Paar Qual Qual Qual
8 Qual Qual Qual Qual Qual Paar Paar Paar Paar Paar Qual Qual Qual

9 Paket Paket Paket Paket Paket Quark Quark Quark Quark Quark Paket
10 Paket Paket Paket Paket Paket Quark Quark Quark Quark Quark Paket

11 Type Type Type Paps Paps Paps Type Type Type Paps Paps Paps Type
12 Baby Baby Baby York York York Baby Baby Baby York York York Baby

13 Jenny Daisy Vicky Danny Mandy Sandy Nanny Conny Benny Candy Nelly
14 Jenny Daisy Vicky Danny Mandy Sandy Nanny Conny Benny Candy Nelly

15 Willi pumpt Jenny ein paar Euro. Willi pumpt Vicky ein paar Euro. 71
16 Paule isst gern Pizzas mit Peperoni. Prima, jetzt sind wir quitt. 140

17 Pauline plaudert prima mit Paule. Peter angelt mit Jenny Quappen. 210
18 Peter schickt ein Paket nach New York. Paulines Plan ist perfekt. 281

19 Papas Porsche hat eine Panne. Pia isst Papayas öfter als Quitten. 352
20 Male quer auf Papier drei Quader. Quallen verursachen oft Qualen. 422

Zur Auflockerung wieder Gymnastik

1. Verschränke die Arme im Nacken. Drücke Kopf und Hände kräftig gegeneinander, zähle bis 10 und lasse locker. Insgesamt fünfmal.

2. Spreize die Fingerspitzen der beiden Hände und drücke sie gegeneinander, dann lasse locker und biginne wieder von vorn. Alles zehnmal, danach Hände, Arme und Schultern ausschütteln.

3. Winkle die Arme und lege die Fingerspitzen auf den Schultern ab. Drehe die Arme samt Schultern zehnmal nach vorn und zehnmal nach hinten. Schüttele anschließend die Arme aus.

Bilderrätsel

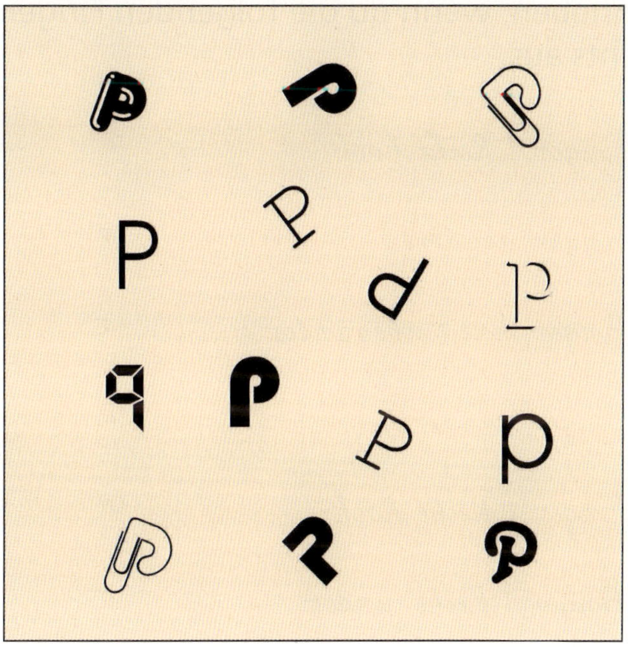

Willi fragt dich, ob du erkennen kannst, wie viele verschiedene „P" (groß oder klein) in dem Viereck enthalten sind. Schreibe die Anzahl in das gelbe Kästchen.

Auch hier greift Willi wieder zu seinem Trick. Er hat für die kleinen Finger zwei Wortgruppen gebildet. Vielleicht fallen dir bessere ein.

links

<u>Q</u>uappen[1] <u>a</u>ngelte <u>Y</u>vonne

<u>P</u>aul <u>ö</u>lte <u>Striche</u>

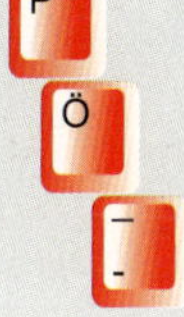

rechts

1 Quappen sind lustige Fische

Wir wiederholen

1. Streiche die Buchstaben an, die du mit dem linken kleinen Finger schreibst.

q	x	E	Y	p	a	ö	P	w	q	A

2. Nenne für die 3 Buchstaben des linken kleinen Fingers Willis Spruch.

3. Markiere die Zeichen, die du mit dem rechten kleinen Finger schreibst.

ö	s	,	P	q	Ö	y	;	-	p	_

4. Wie lautet zu den 3 Zeichen des rechten kleinen Fingers Willis Spruch?

5. Welches Zeichen wird von dir geschrieben, wenn du die folgenden Finger bewegst? Denke nach und fülle rechts aus.

⇧	*nein*	+	*linker kleiner Finger 1 Reihe hoch*	☞	
⇧	*rechts*	+	*linker kleiner Finger am Ort*	☞	
⇧	*nein*	+	*linker kleiner Finger eine Reihe runter*	☞	
⇧	*links*	+	*rechter kleiner Finger am Ort*	☞	
⇧	*rechts*	+	*linker kleiner Finger 1 Reihe hoch*	☞	
⇧	*nein*	+	*rechter kleiner Finger 1 Reihe runter*	☞	
⇧	*links*	+	*rechter kleiner Finger 1 Reihe hoch*	☞	
⇧	*nein*	+	*linker kleiner Finger am Ort*	☞	
⇧	*rechts*	+	*linker kleiner Finger am Ort*	☞	
⇧	*nein*	+	*rechter kleiner Finger 1 Reihe hoch*	☞	
⇧	*links*	+	*rechter kleiner Finger 1 Reihe hoch*	☞	
⇧	*links*	+	*rechter kleiner Finger am Ort*	☞	

Nicht übel, sprach der Dübel ... [1]

Den Buchstabenteil haben wir fast geschafft. Bevor wir wieder Neues lernen, wie wär's mit etwas Wiederholung?

Wir schreiben uns ein = Futter für die kleinen Finger

Schreibe folgende Zeilen ab.

1 `Paul, hole das Papier. Pepe wohnt in Peru. Piff, paff, puff macht` 70
2 `der Auspuff von Papas Auto. Yvonne und Sylvia sind gut beim Quiz.` 141

3 `Pias Puppe hat eine platte Nase. Petra zeigt das Poster von einer` 211
4 `Boy-Gruppe. Der Pilot fliegt nach New York. Lydia lieh das Handy.` 284

5 `In der Pause probieren wir die Quarkspeise. Kay angelte flugs ein` 353
6 `paar Quappen. Willi quatscht öfter in den Pausen mit Daisy Plumm.` 423

Der kleine Finger der rechten Hand hat noch mehr zu tun

Für den kleinen Finger der rechten Hand bleiben noch einige Tasten übrig. Es sind die Tasten für das **Ä,** das **Ü,** das **Pluszeichen,** das **ß** und ein paar andere. Wenn du die Tastwege für diese Buchstaben bzw. Zeichen erarbeitet hast, kannst du dann alle deutschen Wörter schreiben.

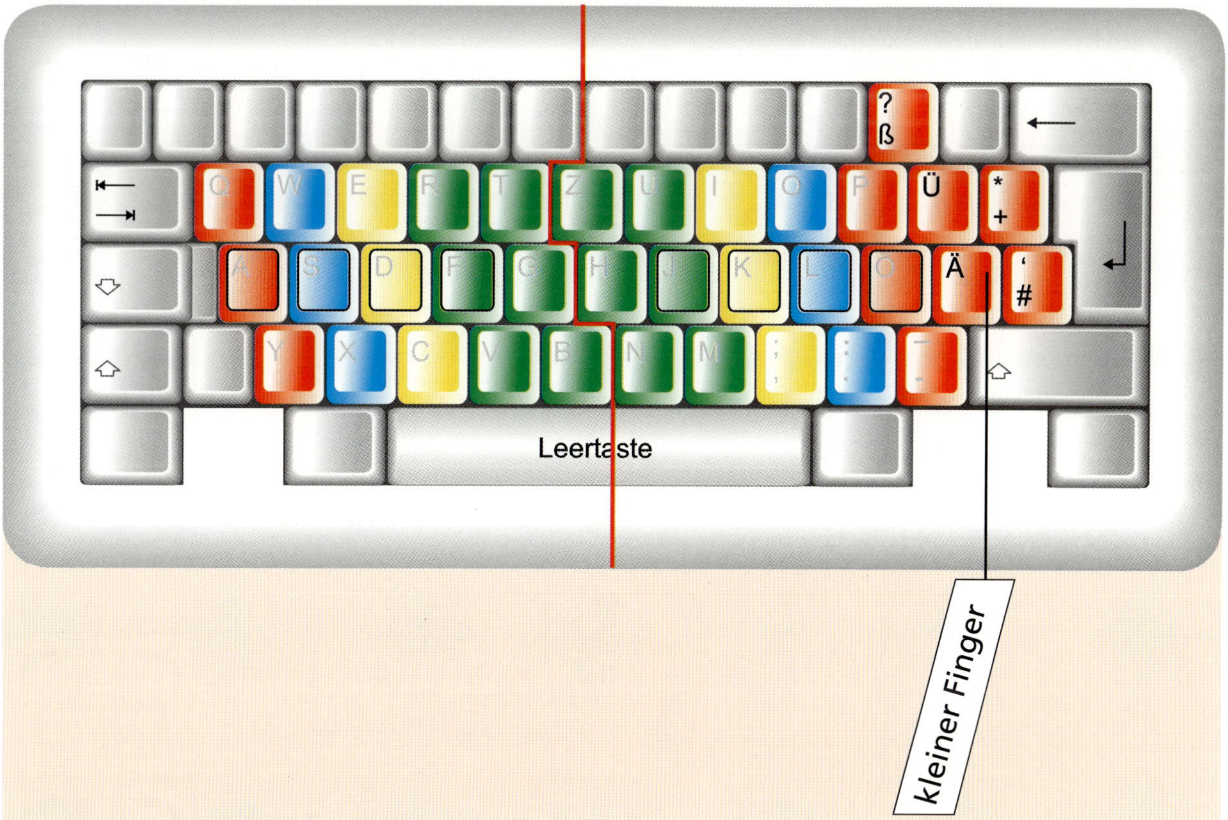

1 Nicht übel sprach der Dübel und verschwand in der Wand.

Wir überlegen mit Willi, wie das große **Ü** zu schreiben ist:

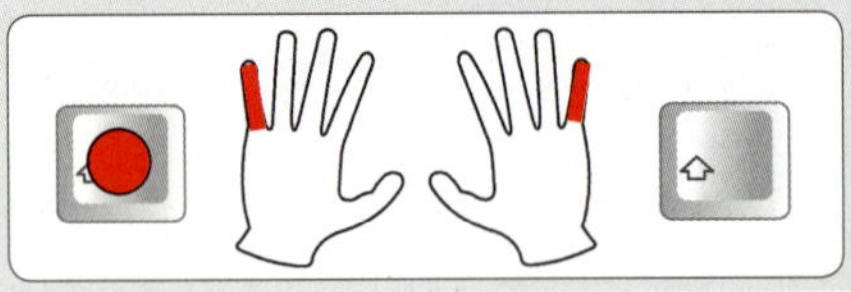

Ü	1 tief	am Ort	1 hoch	2 hoch	

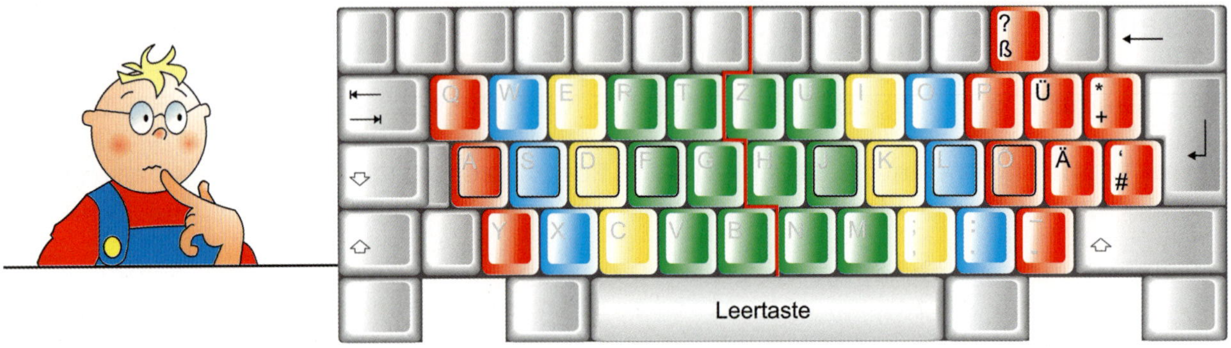

ü	1 tief	am Ort	1 hoch	2 hoch	
ß	1 tief	am Ort	1 hoch	2 hoch	
?	1 tief	am Ort	1 hoch	2 hoch	
Ä	1 tief	am Ort	1 hoch	2 hoch	
+	1 tief	am Ort	1 hoch	2 hoch	2
ß	1 tief	am Ort	1 hoch	2 hoch	
ö	1 tief	am Ort	1 hoch	2 hoch	
Ü	1 tief	am Ort	1 hoch	2 hoch	

*	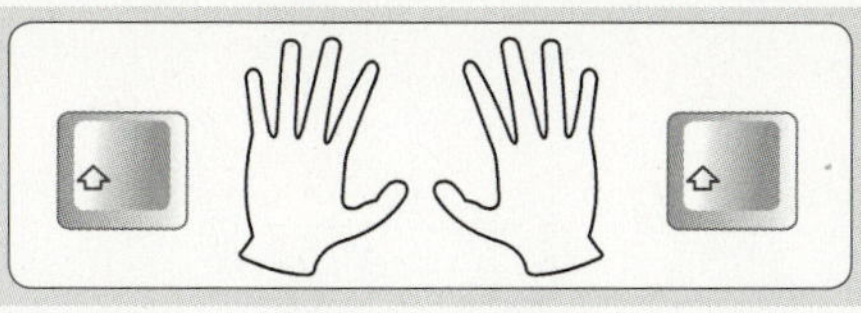	1 tief · am Ort · 1 hoch · 2 hoch	2 ↱	↰
'	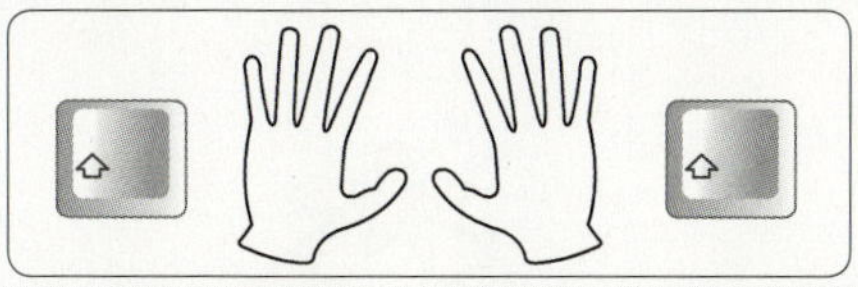	1 tief · am Ort · 1 hoch · 2 hoch	2 ↱	↰
ä	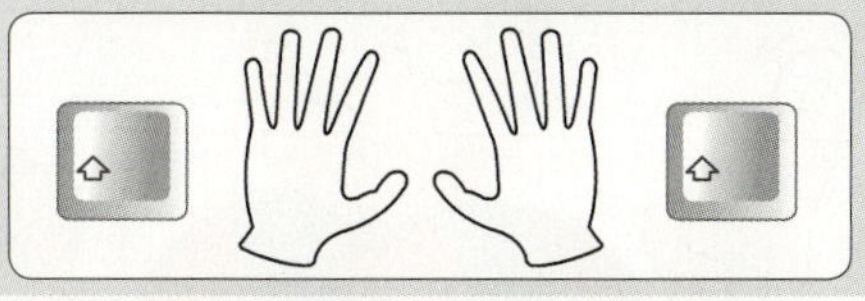	1 tief · am Ort · 1 hoch · 2 hoch	↱	↰
ß	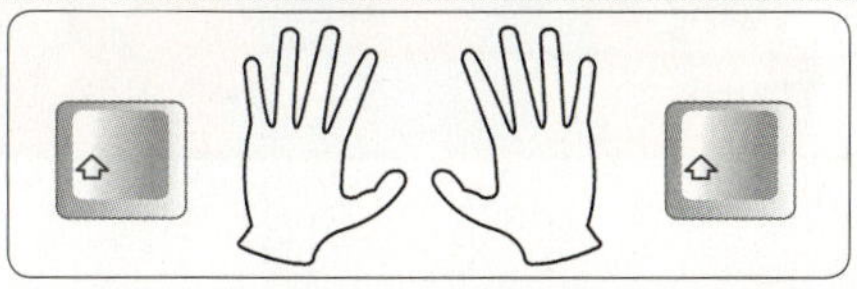	1 tief · am Ort · 1 hoch · 2 hoch	↱	↰
Ü	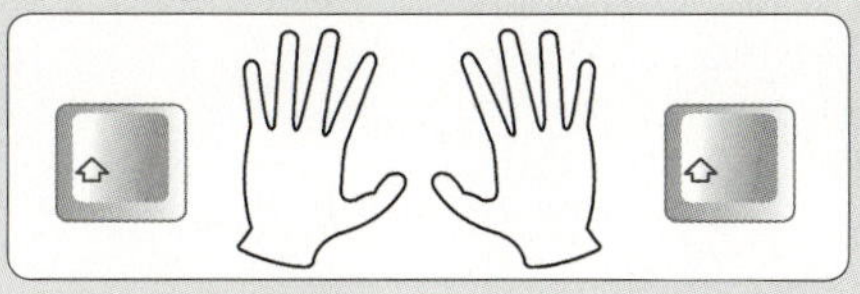	1 tief · am Ort · 1 hoch · 2 hoch	↱	↰
?	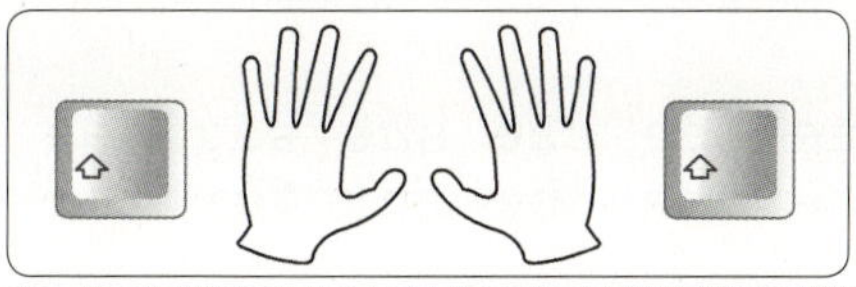	1 tief · am Ort · 1 hoch · 2 hoch	↱	↰
Ä	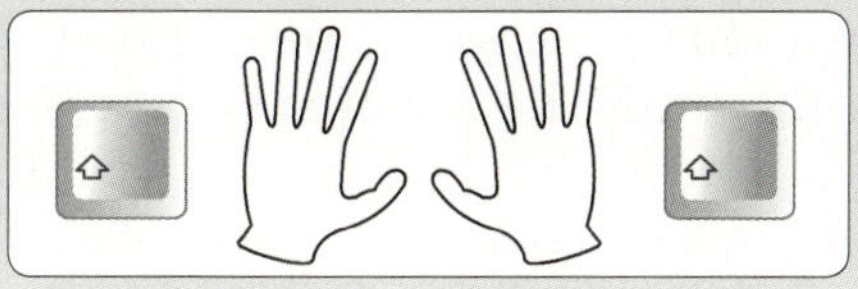	1 tief · am Ort · 1 hoch · 2 hoch	↱	↰
+	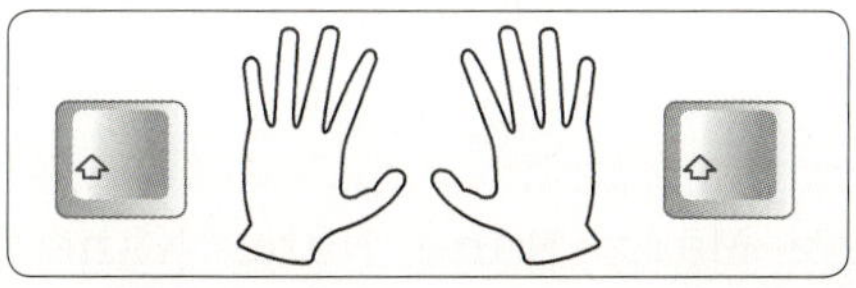	1 tief · am Ort · 1 hoch · 2 hoch	2 ↱	↰
#	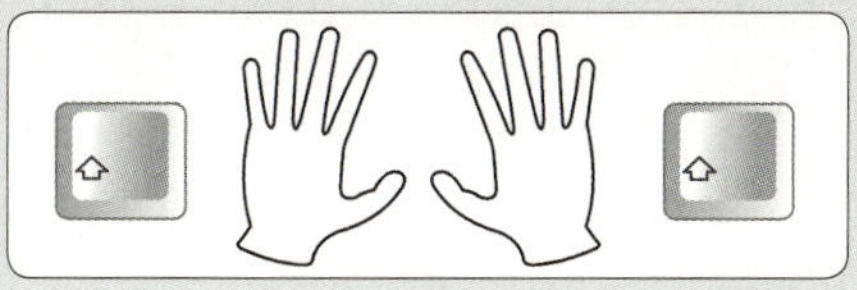	1 tief · am Ort · 1 hoch · 2 hoch	2 ↱	↰

Willi ist es schwergefallen auch hier einen Spruch zu finden. Bist du besser?

Saß plus mal überm Ä?

oder vielleicht

Eszet plus Mal überm Ä?

Futter für den kleinen Finger rechts

Tastwege (jede Zeile zweimal schreiben)

1 öäö öäö öäö öäö öäö öäö öäö öäö

2 äöä öäö äöä öäö äöä öäö äöä öäö

3 öpü öpü öpü öpü öpü öpü öpü öpü

4 üpö üpö üpö üpö üpö üpö üpö üpö

5 Äa Äa Äa Äa Äa Äa Äa Äa Äa Äa Äa

6 Üa Üa Üa Üa Üa Üa Üa Üa Üa Üa Üa

7 öÄa öÄa öÄa öÄa öÄa öÄa öÄa öÄa

8 öÜa öÜa öÜa öÜa öÜa öÜa öÜa öÜa

9 öpü+ öpü+ öpü+ öpü+ öpü+ öpü+ öp

10 öpü* öpü* öpü* öpü* öpü* öpü* öp

11 öpßö öpßö öpßö öpßö öpßö öpßö öpß

12 öp?a öp?a öp?a öp?a öp?a öp?a öp?

Kleine Wörter

1 säg säg säg säe säe säe säg säg säg säe säe säe säe säg säe sägen

2 für für für übe übe übe für für für übe übe übe für für für dafür

3 früh früh früh spät spät spät früh früh früh spät spät spät früh

4 groß groß groß heiß heiß heiß groß groß groß heiß heiß heiß groß

5 süß süß süß maß maß maß süß süß süß maß maß maß süß süß süß süße

6 saß saß saß büß büß büß saß saß saß büß büß büß saß saß saß büße

Große Wörter

7 März März März Nähe Nähe Nähe März März März Nähe Nähe Nähe März

8 Käse Käse Käse Lärm Lärm Lärm Käse Käse Käse Lärm Lärm Lärm Käse

9 Ähre Ähre Ähre Äxte Äxte Äxte Ähre Ähre Ähre Äxte Äxte Äxte Ähre

10 Äste Äste Äste Äxte Äxte Äxte Äste Äste Äste Äxte Äxte Äxte Äste

11 Spaß Spaß Spaß Floß Floß Floß Spaß Spaß Spaß Floß Floß Floß Spaß

12 Gruß Gruß Gruß Füße Füße Füße Gruß Gruß Gruß Füße Füße Füße Gruß

13 Rüge Übel Rüge Übel Rüge Übel Rüge Übel Rüge Übel Rüge Übel Rüge

14 Wo? Was? Wie? Wer? Wen? Wem? Wessen? Wieso? Wohin? Wofür? Warum?

Zur Auflockerung wieder Gymnastik

1. Ganz langsam ohne Hilfe der Hände aufstehen und wieder setzen, wiederhole das insgesamt fünfmal.
2. Setze dich aufrecht hin und lasse deine Arme nach unten hängen. Falle mit dem Oberkörper zusammen und richte dich wieder auf. Wiederhole insgesamt fünfmal. Schüttele alles wieder aus.

1, 2, 3 – Willi ist mit dabei

Du ahnst sicher, was jetzt auf dich zukommt: das Schreiben von Zahlen. Bevor es so weit ist, zunächst eine kleine Wiederholung.

Arbeit für den rechten kleinen Finger

Wiederhole die Buchstaben, die der rechte kleine Finger zu schreiben hat.

```
1 Willi ließ sich den Käse schmecken. Wir hatten Spaß auf dem Floß.     70
2 Wie heiß wird es heute? Die Gräser sprießen verhältnismäßig grün.   139

3 Der Jäger hat von früh bis spät zu tun. Die großen Äste hängen an   208
4 den Bäumen herab. Wen soll Willi grüßen? Wir haben tüchtig geübt.   278

5 Fußgänger überqueren regelmäßig die Straße. Willi und Jenny saßen   347
6 in der Bar und aßen süßes Eis. Wann fährt das große weiße Schiff?   417
```

Erster Ausflug in die Ziffernreihe

Willi treibt gern Sport. Neulich lief er 2 Kilometer in 11 Minuten und belegte den 3. Platz. Nach § 12 der Wettkampfordnung ist ein Protokoll anzufertigen. Dafür sind die Namen, Zeiten und Plätze aufzuschreiben. Du sollst das Wettkampfprotokoll maschinell erstellen. Was musst du da können?

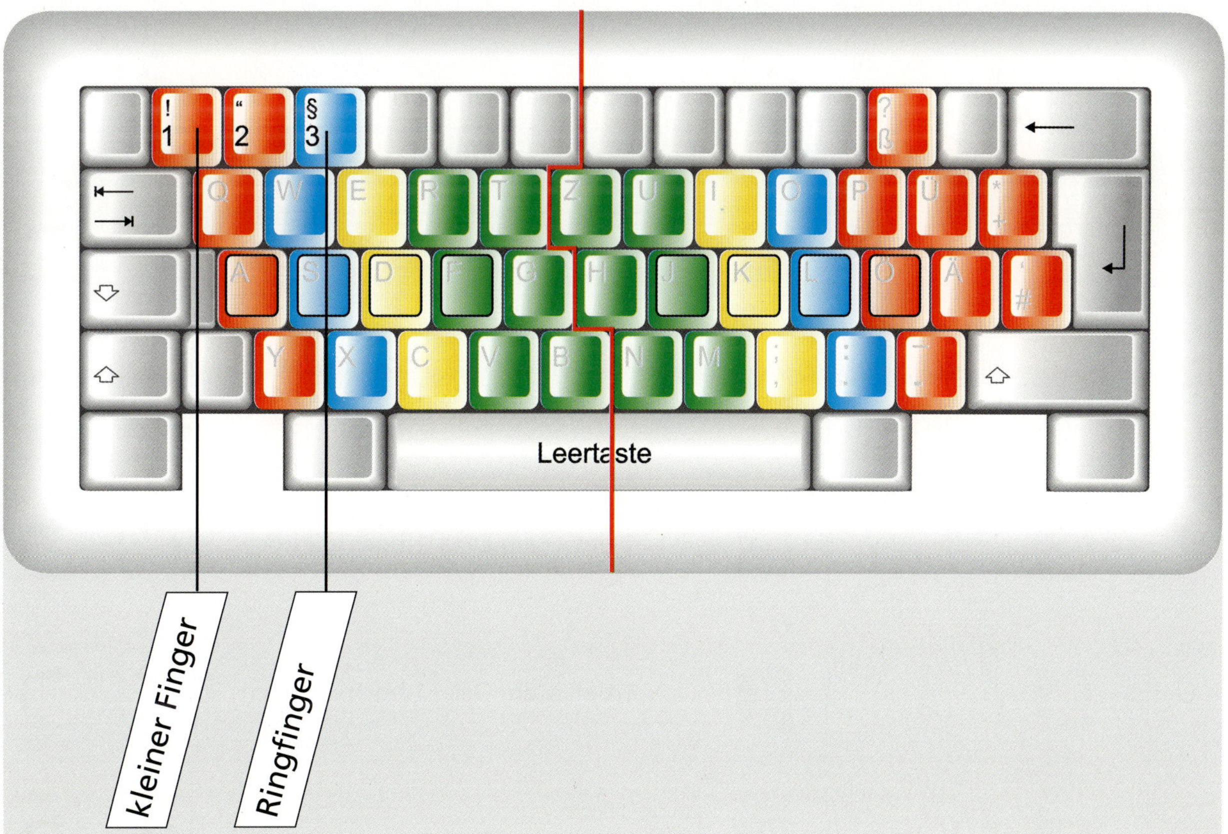

Richtig, du musst Zahlen schreiben können.

Wir überlegen mit Willi, wie die Ziffer **1** zu schreiben ist:

Zeichen	Hände	Position				Richtung	
1	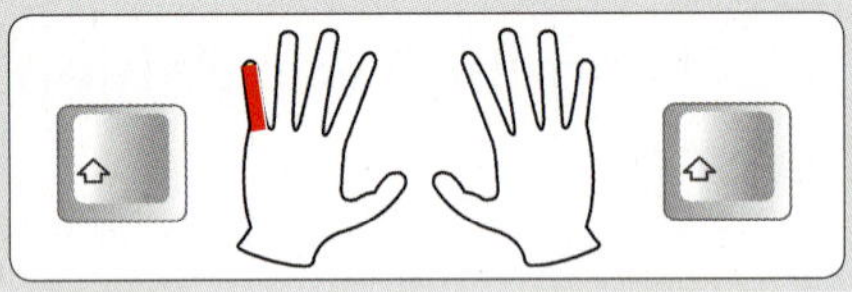	1 tief	am Ort	1 hoch	2 hoch		

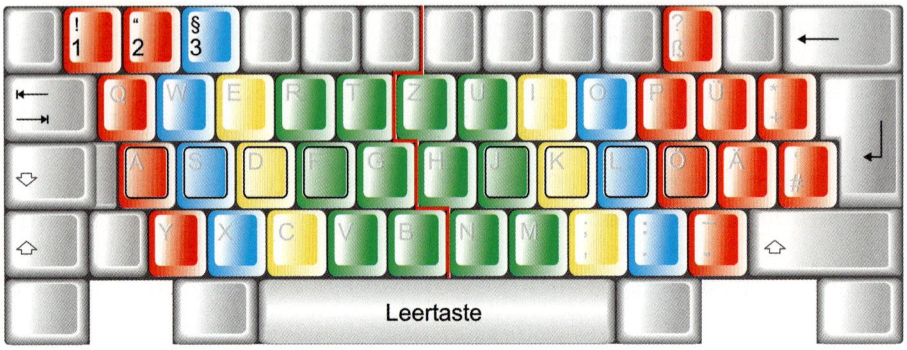

a	1 tief	am Ort	1 hoch	2 hoch	
q	1 tief	am Ort	1 hoch	2 hoch	
1	1 tief	am Ort	1 hoch	2 hoch	
!	1 tief	am Ort	1 hoch	2 hoch	
q	1 tief	am Ort	1 hoch	2 hoch	
1	1 tief	am Ort	1 hoch	2 hoch	
a	1 tief	am Ort	1 hoch	2 hoch	
1	1 tief	am Ort	1 hoch	2 hoch	

Wir überlegen mit Willi, wie die Ziffer **2** zu schreiben ist:

2	1 tief	am Ort	1 hoch	2 hoch	

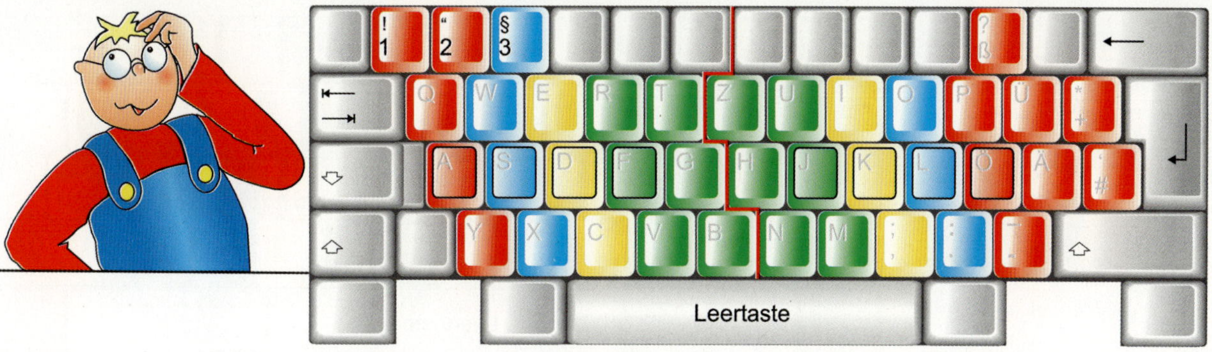

a	1 tief	am Ort	1 hoch	2 hoch
q	1 tief	am Ort	1 hoch	2 hoch
2	1 tief	am Ort	1 hoch	2 hoch
"	1 tief	am Ort	1 hoch	2 hoch
q	1 tief	am Ort	1 hoch	2 hoch
2	1 tief	am Ort	1 hoch	2 hoch
Q	1 tief	am Ort	1 hoch	2 hoch
2	1 tief	am Ort	1 hoch	2 hoch

Wir überlegen mit Willi, wie die Ziffer **3** zu schreiben ist:

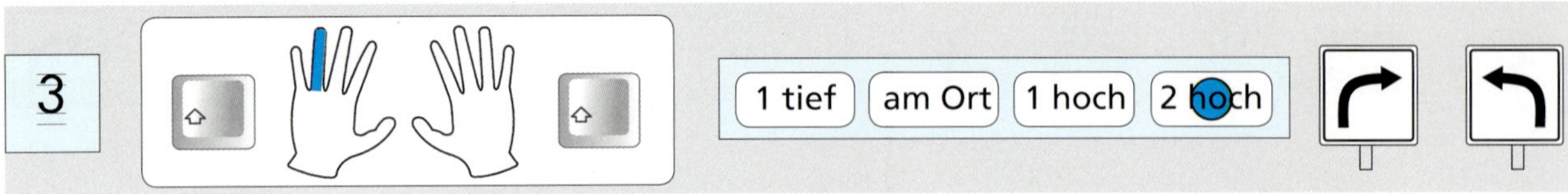

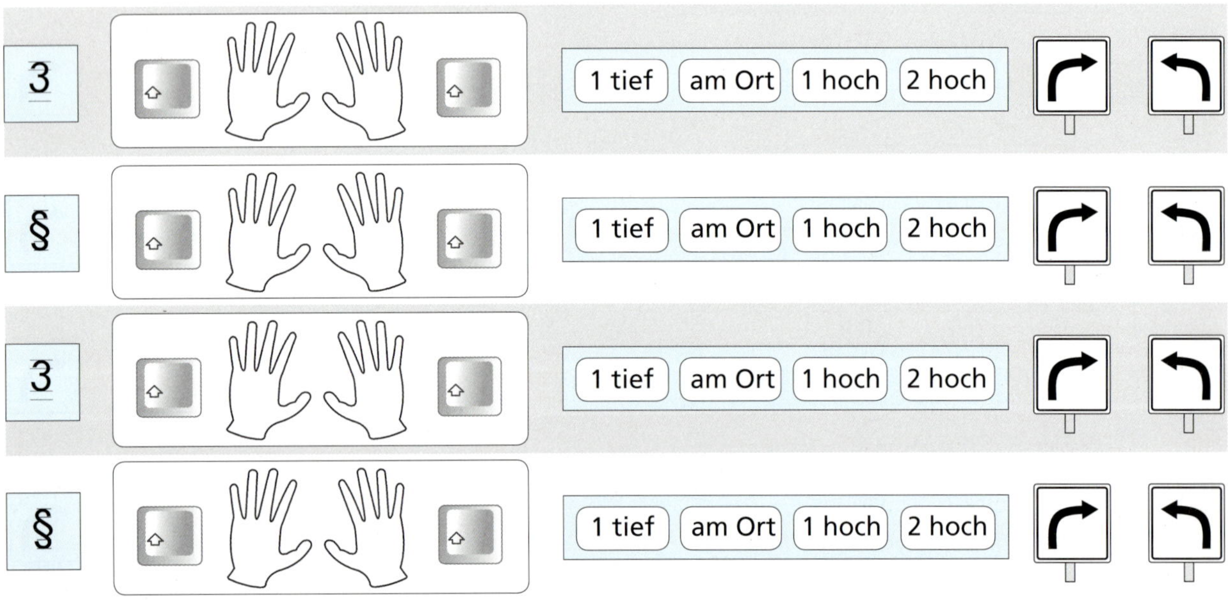

Hinweis: § = Paragrafzeichen

Jetzt brauchen wir wieder die Merksätze. Kennst du sie noch? Trage in die leeren Kästen die Merksätze ein, die du zur linken roten und blauen Tastensäule gelernt hast. Unterstreiche die Anfangsbuchstaben.

1 2

3

Die ersten Zahlen

Tastwege (jede Zeile zweimal schreiben)

1 aq1 aq1 aq1 aq1 aq1 aq1 aq1 aq1q
2 1qa 1qa 1qa 1qa 1qa 1qa 1qa 1qaa

3 aq2 aq2 aq2 aq2 aq2 aq2 aq2 aq2q
4 2qa 2qa 2qa 2qa 2qa 2qa 2qa 2qaa

5 aq! aq! aq! aq! aq! aq! aq! aq!q
6 !qa !qa !qa !qa !qa !qa !qa !qaa

7 aq” aq” aq” aq” aq” aq” aq” aq”q
8 „qa „qa „qa „qa „qa „qa „qa „qaa

9 sw3 sw3 sw3 sw3 sw3 sw3 sw3 sw3w
10 3ws 3ws 3ws 3ws 3ws 3ws 3ws 3wss

11 sw§ö sw§ö sw§ö sw§ö sw§ö sw§ö sw§
12 §wsö §wsö §wsö §wsö §wsö §wsö §ws

So viele Dinge

1 11 Angler, 11 Amseln, 111 Ar, 11 EUR, Note 1, Nr. 1, Wohnung 111,
2 22 Flüsse, 22 Fische, 222 kg, 22 EUR, Note 2, Nr. 2, Wohnung 222,

3 12 Autos, 12 Achsen, 121 km, 122 EUR, Box 21, S. 12, Wohnung 121,
4 21 Räder, 21 Tische, 212 km, 212 EUR, Box 12, S. 21, Wohnung 212,

5 31 Affen, 33 Sommer, 333 km, 331 EUR, Box 33, S. 33, Wohnung 333,
6 32 Vögel, 23 Sender, 323 kg, 233 EUR, Box 32, S. 23, Wohnung 323;

Sätze mit Zahlen und Zeichen

7 Willi wohnte in der Daisy-Maus-Straße 1. Dieser Angler angelte in 71
8 2 Stunden 12 Fische. Beim 2. Sportfest belegte Dixi den 3. Platz. 142

9 In 2 Tagen gibt es Osterferien. 23 Kinder gehen in die 3. Klasse. 212
10 Ist 2 + 2 gleich 3? Am 22. September muss ich zum Zahnarzt gehen. 282

11 Aber 1 + 1 ist gleich 2. Jenny putzt sich 2-mal am Tag die Zähne. 351
12 Wir spielten gegen die Klasse 3 a im Fußball 2 : 2 unentschieden. 420

13 Achtung! Hallo! Los! Lass das! Achtung, fertig, los! Bleib ruhig! 497
14 Heißt Willi „Willi” oder heißt Willi „Willy”? Willi ist „Spitze”! 577

Zur Auflockerung wieder Gymnastik

1. Verhakele die Hände vor der Brust ineinander. Ziehe kräftig daran. Lasse sie los, strecke die Arme nach vorn und kreuze sie mehrfach.

2. Hebe die Arme U-förmig über den Kopf. Strecke die Arme und gehe wieder zurück zur U-Form, etwa zehnmal. Zum Schluss schüttele die Arme aus.

Wir wiederholen

1. Streiche die Buchstaben an, die du mit der linken Hand schreibst.

q	i	2	Y	p	1	ß	R	u	ä	!

2. Nenne für die 1, 2 sowie q, a und y Willis Spruch.

3. Markiere die Zeichen, die du mit dem rechten kleinen Finger schreibst.

ß	s	,	ä	q	Ö	#	?	+	r	#

4. Wie lautet ein Spruch zu den äußersten rechten Zeichen?

5. Welches Zeichen wird von dir geschrieben, wenn du die folgenden Finger bewegst? Denke nach und fülle rechts aus.

⇧	nein	+	*linker kleiner Finger 2 Reihen links hoch*	☞	
⇧	rechts	+	*linker kleiner Finger 2 Reihen hoch*	☞	
⇧	nein	+	*linker kleiner Finger 2 Reihen hoch*	☞	
⇧	nein	+	*linker kleiner Finger am Ort*	☞	
⇧	rechts	+	*linker kleiner Finger 1 Reihe hoch*	☞	
⇧	nein	+	*linker Ringfinger 2 Reihen hoch*	☞	
⇧	nein	+	*linker kleiner Finger 1 Reihe runter*	☞	
⇧	nein	+	*linker kleiner Finger 2 Reihen links hoch*	☞	
⇧	rechts	+	*linker kleiner Finger 2 Reihen hoch*	☞	
⇧	rechts	+	*linker Ringfinger 2 Reihen hoch*	☞	
⇧	rechts	+	*linker kleiner Finger 1 Reihe hoch*	☞	
⇧	rechts	+	*linker kleiner Finger am Ort*	☞	

4, 5, 6 – so sagt die Hex

Die nächsten ZIffern sind an der Reihe. Aber bevor es soweit ist, erst eine Wiederholung. Du weißt, der Kopf ist vergesslich. Die Finger sind es auch.

Wiederholung der ersten drei Ziffern

Schreibe folgende Zeilen ab.

```
1 12 Luftballons kosten 1,32 EUR. Willi kauft Jenny 2 Kaugummis und   73
2 1 Eis. 11 Spieler sind im Team. Der Spielfilm dauert 122 Minuten.  144

3 Das Flugzeug fliegt 1211 km in 1 Stunde. Der Berg ist 321 m hoch.  214
4 Das Wasser in der Badewanne hat 33 Grad. Das Loch ist 123 m tief.  285

5 Der Eintritt kostete 1 EUR. Im März waren es öfter minus 12 Grad.  358
6 Der Flieger ist 13 m lang. Willis Freundin Jenny ist 1,32 m groß.  428
```

Zahlen vom Hexeneinmaleins

Als Zensuren sind die Zahlen 4, 5 und 6 nicht so beliebt, dafür um so mehr beim Würfeln. Auch spielen sie eine wichtige Rolle beim Hexeneinmaleins. Willi wird es dir später beibringen. Jetzt schaue erst einmal auf die Tastatur, wo die Tasten liegen und welche Finger dafür zuständig sind.

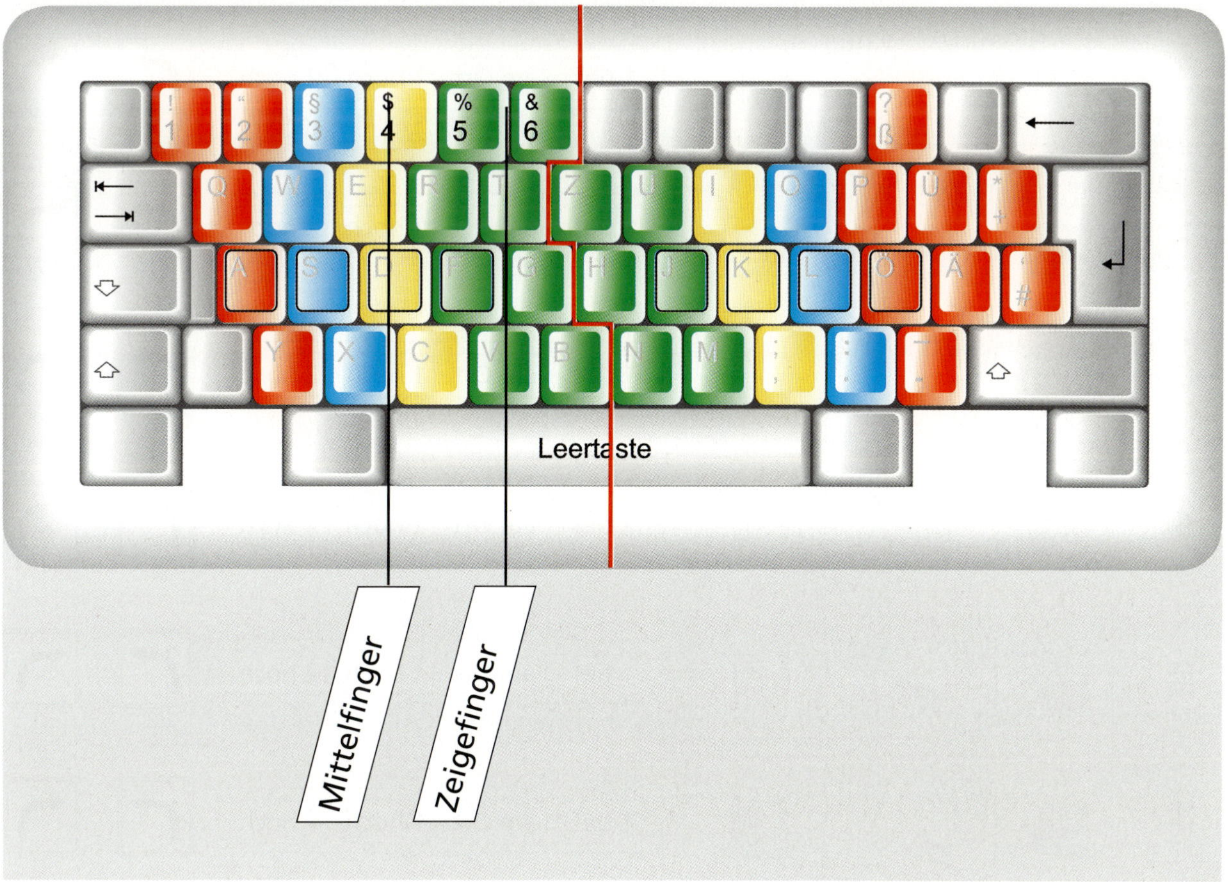

Wir überlegen mit Willi, wie die Ziffer **4** zu schreiben ist:

4	1 tief	am Ort	1 hoch	2 hoch

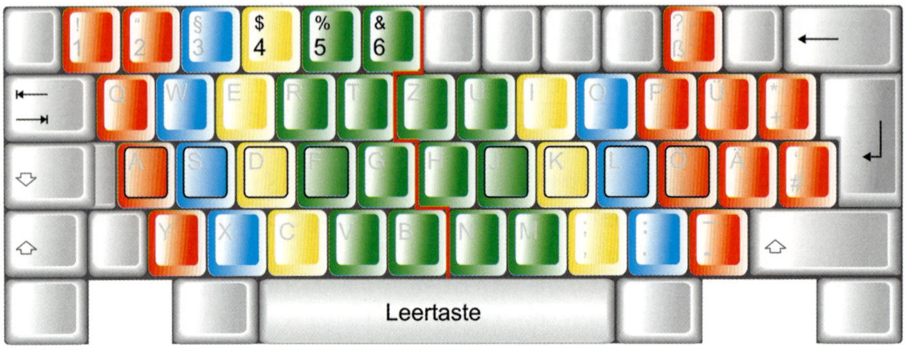

e	1 tief	am Ort	1 hoch	2 hoch
4	1 tief	am Ort	1 hoch	2 hoch
d	1 tief	am Ort	1 hoch	2 hoch
$	1 tief	am Ort	1 hoch	2 hoch
c	1 tief	am Ort	1 hoch	2 hoch
4	1 tief	am Ort	1 hoch	2 hoch
e	1 tief	am Ort	1 hoch	2 hoch
4	1 tief	am Ort	1 hoch	2 hoch

Wir überlegen mit Willi, wie die Ziffer **5** zu schreiben ist:

Zeichen	Hände	Position			
5	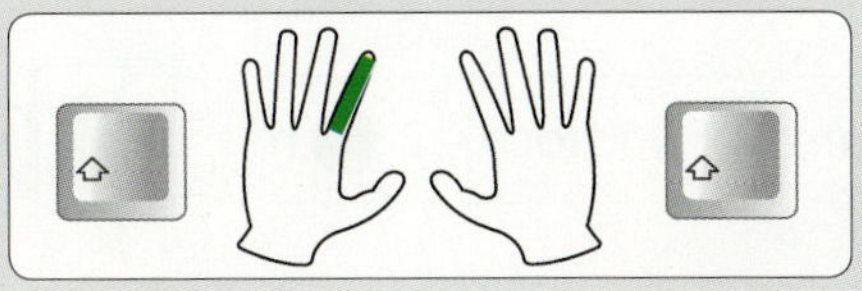	1 tief	am Ort	1 hoch	2 hoch

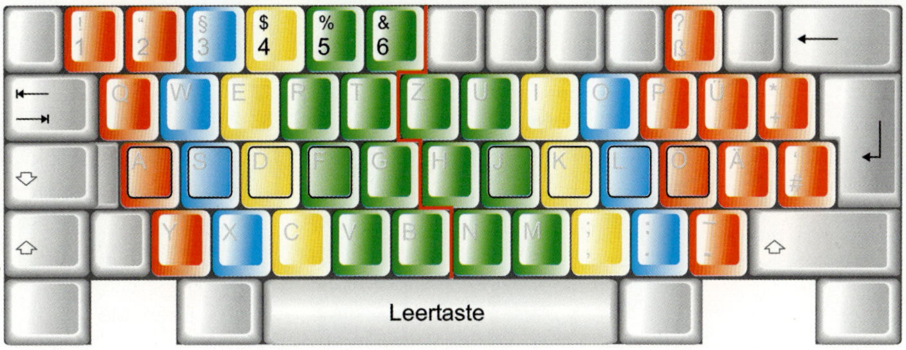

Zeichen	Position			
r	1 tief	am Ort	1 hoch	2 hoch
5	1 tief	am Ort	1 hoch	2 hoch
%	1 tief	am Ort	1 hoch	2 hoch
r	1 tief	am Ort	1 hoch	2 hoch
f	1 tief	am Ort	1 hoch	2 hoch
5	1 tief	am Ort	1 hoch	2 hoch
r	1 tief	am Ort	1 hoch	2 hoch
5	1 tief	am Ort	1 hoch	2 hoch

Wir überlegen mit Willi, wie die Ziffer **6** zu schreiben ist:

6

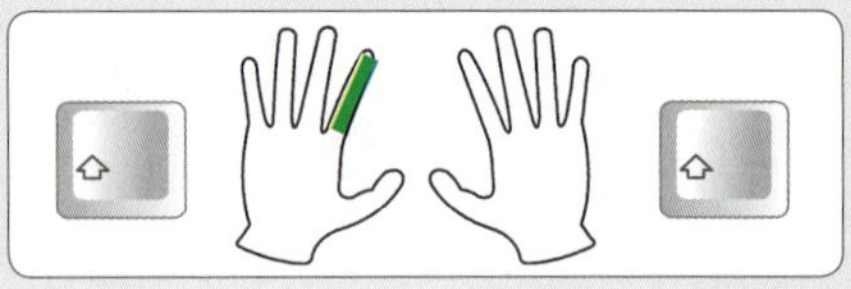

1 tief | am Ort | 1 hoch | 2 hoch

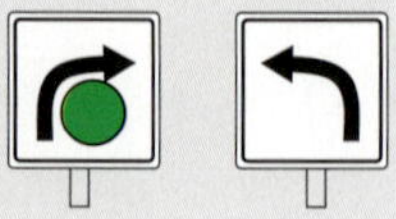

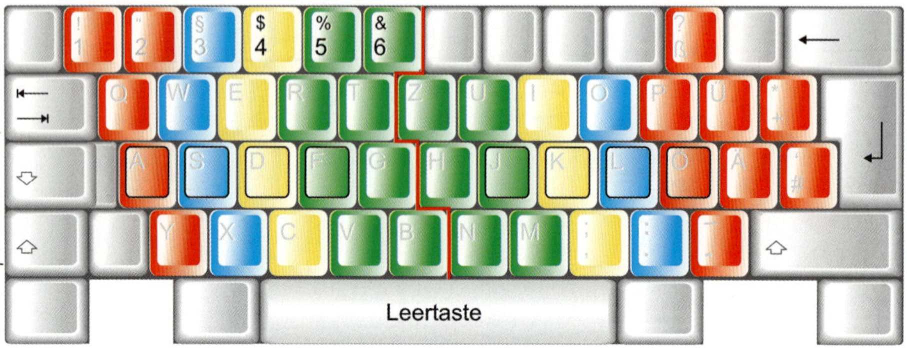

6

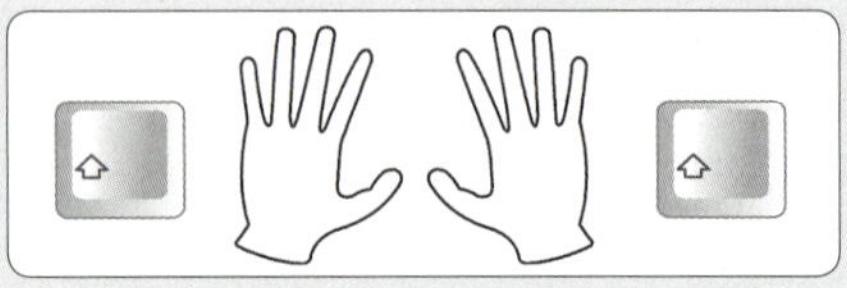

1 tief | am Ort | 1 hoch | 2 hoch

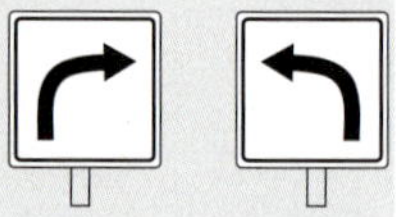

&

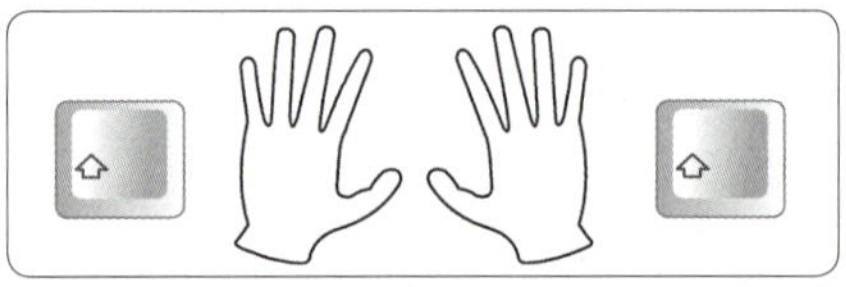

1 tief | am Ort | 1 hoch | 2 hoch

6

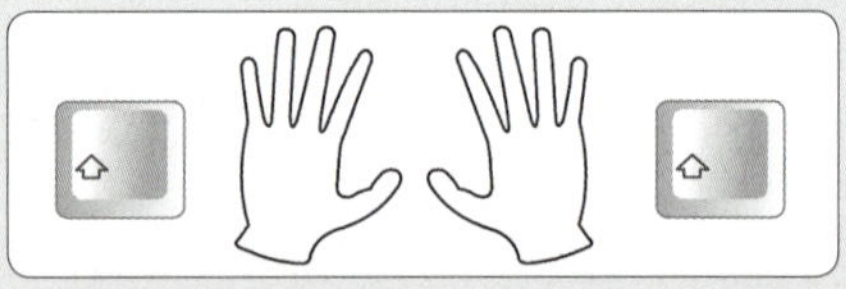

1 tief | am Ort | 1 hoch | 2 hoch

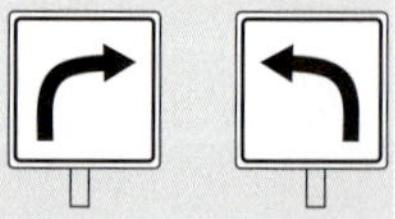

&

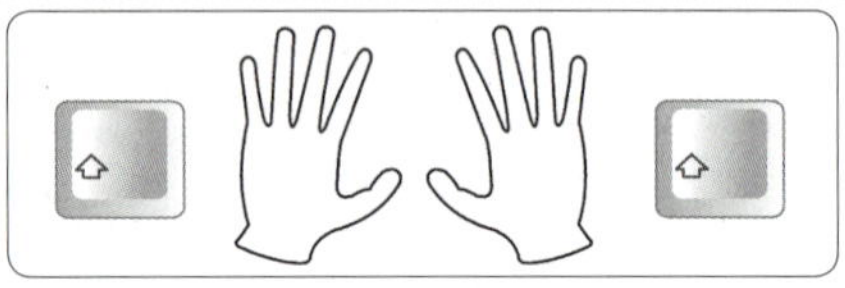

1 tief | am Ort | 1 hoch | 2 hoch

Hinweis: & ist das UND-Zeichen

Die Merksätze für den linken Mittel- und Zeigefinger sind gefragt. Hattest du sie dir eingeprägt? Trage in die leeren Felder die dazugehörigen Merksätze ein. Unterstreiche die Anfangsbuchstaben.

4 $	
5	
6	

Wir zählen weiter

Tastwege üben (jede Zeile zweimal schreiben)

1 de4 de4 de4 de4 de4 de4 de4 de4e
2 4ed 4ed 4ed 4ed 4ed 4ed 4ed 4edd

3 de$ de$ de$ de$ de$ de$ de$ de$e
4 $ed $ed $ed $ed $ed $ed $ed $edd

5 fr5 fr5 fr5 fr5 fr5 fr5 fr5 fr5r
6 5rf 5rf 5rf 5rf 5rf 5rf 5rf 5rff

7 fr% fr% fr% fr% fr% fr% fr% fr%r
8 %rf %rf %rf %rf %rf %rf %rf %rff

9 ft6 ft6 ft6 ft6 ft6 ft6 ft6 ft6t
10 6tf 6tf 6tf 6tf 6tf 6tf 6tf 6tff

11 ft&ö ft&ö ft&ö ft&ö ft&ö ft&ö ft&
12 &tfö &tfö &tfö &tfö &tfö &tfö &tf

Die Dinge werden immer mehr

1 4 Wiesen, 444 Dollar, 444 km, 44 EUR, Note 4, Nr. 4, Versuch 444,
2 5 Jungen, 554 Wolken, 555 kg, 55 EUR, Note 5, Nr. 5, Versuch 555,

3 6 Tafeln, 666 Steine, 666 km, 66 EUR, Box 66, S. 66, Versuch 666,
4 65 Jahre, 454 Tonnen, 465 km, 56 EUR, Box 54, S. 65, Versuch 456,

5 55 Räder, 54 Jungen, 454 km, 454 EUR, Box 46, S. 64, Versuch 654,
6 61 Ringe, 52 Rinder, 625 kg, 546 EUR, Box 41, S. 62, Versuch 115;

Sätze mit Zahlen und Zeichen

7 Eine Kugel Eis kostet 45 Cent. Christian warf den Ball 35 m weit. 71
8 Ein Besuch im Disney-Land kostet 15 $. Inas Opa ist 66 Jahre alt. 144

9 Jürgen holt Samstag früh 25 Brötchen. Bratäpfel müssen 35 Minuten 214
10 in der Röhre braten. Werner schafft mit dem Rad 44 km pro Stunde. 283

11 Wie viel kosten 25 kg Kartoffeln? Maximilian hat 415 EUR gespart. 355
12 Ein Jahr hat 365 Tage. Roy schafft 655 Anschläge in zehn Minuten. 426

13 Im Wettkampfprotokoll steht: Paul 1., Sven 2., Willi 3., Gerd 4., 498
14 Dirk 5. und Mattias 6. Heute treffen wir uns um 15:35 Uhr am Zoo. 569

Zur Entspannung wieder etwas Gymnastik

1. Winkle die Arme an und lege die Hände auf die Schultern. Kreise die Arme zehnmal nach vorn und nach hinten.

2. Lege die Hände auf die Knie. Rutsche mit dem Gesäß ohne aufzustehen auf dem Stuhl mehrfach nach vorn und nach hinten. Zum Schluss Hände und Arme ausschütteln.

Wir wiederholen

1. Streiche die Buchstaben an, die du mit dem linken Mittelfinger schreibst.

3	i	4	%	p	d	ß	$	u	2	e

2. Nenne für die Zeichen 4, $ sowie e, d und c Willis Spruch.

3. Markiere die Zeichen, die du mit dem linken Zeigefinger schreibst.

5	s	f	6	q	R	u	%	z	r	&

4. Wie lauten Willis Sprüche zu 5, r, f und v sowie deine zu 6, t, g und b?

5. Welches Zeichen wird von dir geschrieben, wenn du die folgenden Finger bewegst? Denke nach und fülle rechts aus.

⇧	nein	+	linker Mittelfinger 2 Reihen hoch	☞	
⇧	rechts	+	linker Mittelfinger 2 Reihen hoch	☞	
⇧	nein	+	linker Zeigefinger 2 Reihen hoch	☞	
⇧	nein	+	linker Zeigefinger 2 Reihen rechts hoch	☞	
⇧	rechts	+	linker Mittelfinger 1 Reihe hoch	☞	
⇧	nein	+	linker Mittelfinger 2 Reihen hoch	☞	
⇧	nein	+	linker Zeigefinger 2 Reihen hoch	☞	
⇧	rechts	+	linker Zeigefinger 2 Reihen rechts hoch	☞	
⇧	rechts	+	linker Mittelfinger 2 Reihen hoch	☞	
⇧	nein	+	linker Mittelfinger 1 Reihe hoch	☞	
⇧	rechts	+	linker Zeigefinger 2 Reihen hoch	☞	
⇧	rechts	+	linker Zeigefinger 2 Reihen rechts hoch	☞	

7, 8, 9, 0 – die Tastatur ist voll

Jetzt werden wir die letzten Lücken auf der Tastatur schließen. Bevor es soweit ist, ein klein wenig Wiederholung.

Wir schreiben uns ein

Schreibe folgende Zeilen ab:

```
1 Diese Sportschuhe kosten 65 EUR. Meine Stadt liegt 1 525 km von   70
2 der Küste entfernt. Im Fußball gewann meine Klasse 4 mit 6 : 4.  138

3 Das Matterhorn ist 4 478 m hoch. In den Sommerferien werden wir  205
4 am 25. Juli in den Urlaub fahren. Das neue Sparmobil verbraucht  272

5 nur 3,5 Liter Benzin. Willi ruft Maxi unter der Rufnummer 61154  340
6 an. An dem 25. und 26. Dezember ist wie jedes Jahr Weihnachten.  407
```

Gleich ist es geschafft!

Die letzten Tastwege sind zu erlernen! Danach kannst du alle Wörter und Ziffern schreiben. Auch sehr große Zahlen sind für dich dann kein Problem, zum Beispiel: 384 400 000 m. So weit ist es nämlich bis zum Mond. Auf gehts! Der Mann im Mond (Willi) schaut dir bei dieser Lektion zu.

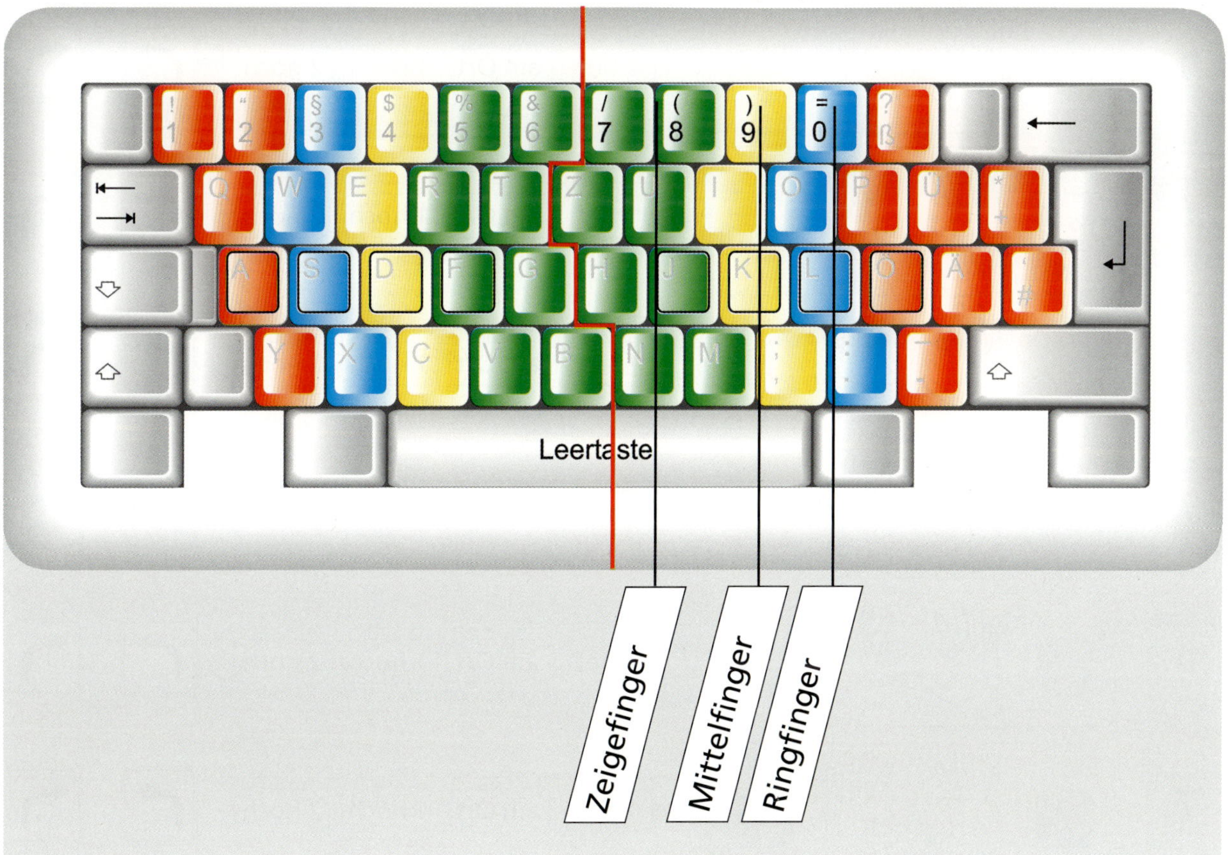

Wir überlegen mit Willi, wie die Ziffer **7** zu schreiben ist:

7	1 tief	am Ort	1 hoch	2 hoch

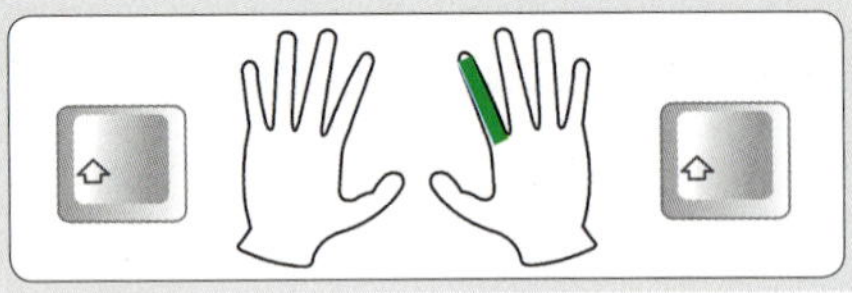

u	1 tief	am Ort	1 hoch	2 hoch
7	1 tief	am Ort	1 hoch	2 hoch
h	1 tief	am Ort	1 hoch	2 hoch
7	1 tief	am Ort	1 hoch	2 hoch
z	1 tief	am Ort	1 hoch	2 hoch
7	1 tief	am Ort	1 hoch	2 hoch
n	1 tief	am Ort	1 hoch	2 hoch
7	1 tief	am Ort	1 hoch	2 hoch

Wir überlegen mit Willi, wie die Ziffer **8** zu schreiben ist:

8	1 tief	am Ort	1 hoch	**2 hoch**	↱ ↰

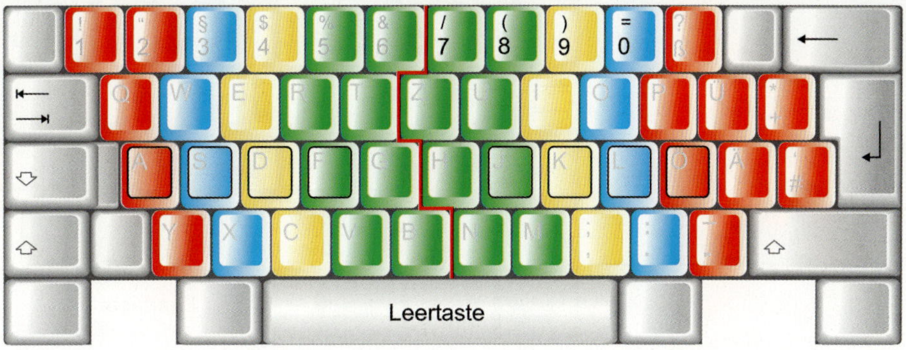

j	1 tief	am Ort	1 hoch	2 hoch	↱ ↰
8	1 tief	am Ort	1 hoch	2 hoch	↱ ↰
u	1 tief	am Ort	1 hoch	2 hoch	↱ ↰
(	1 tief	am Ort	1 hoch	2 hoch	↱ ↰
m	1 tief	am Ort	1 hoch	2 hoch	↱ ↰
8	1 tief	am Ort	1 hoch	2 hoch	↱ ↰
u	1 tief	am Ort	1 hoch	2 hoch	↱ ↰
8	1 tief	am Ort	1 hoch	2 hoch	↱ ↰

Wir überlegen mit Willi, wie die Ziffer **0** zu schreiben ist:

0	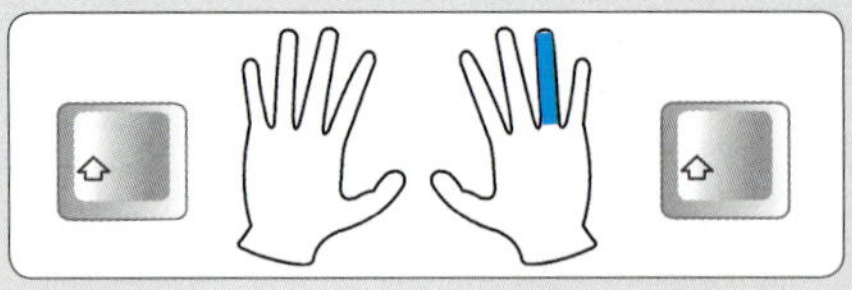	1 tief · am Ort · 1 hoch · 2 hoch

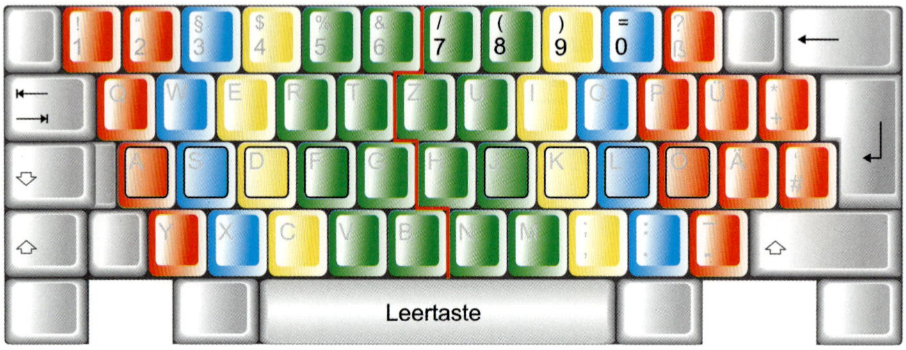

l	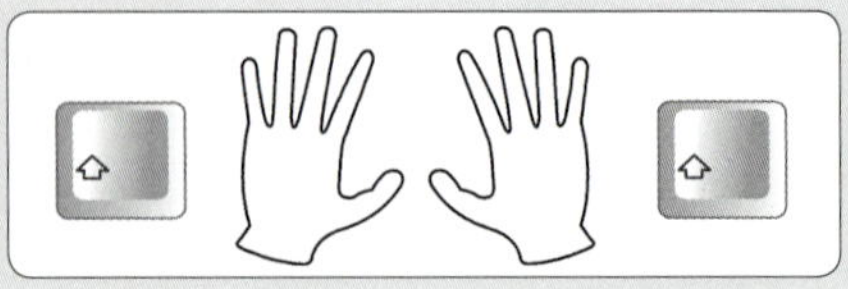	1 tief · am Ort · 1 hoch · 2 hoch
0	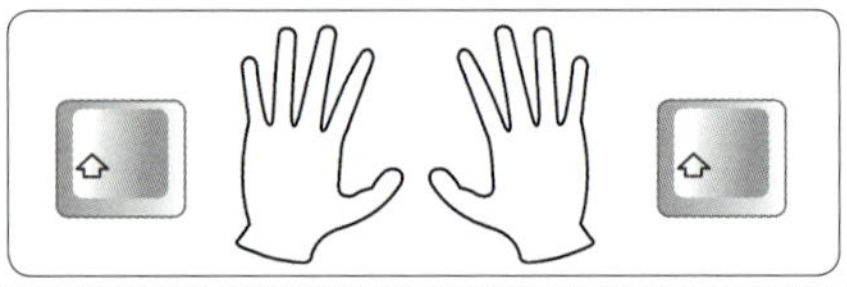	1 tief · am Ort · 1 hoch · 2 hoch
=	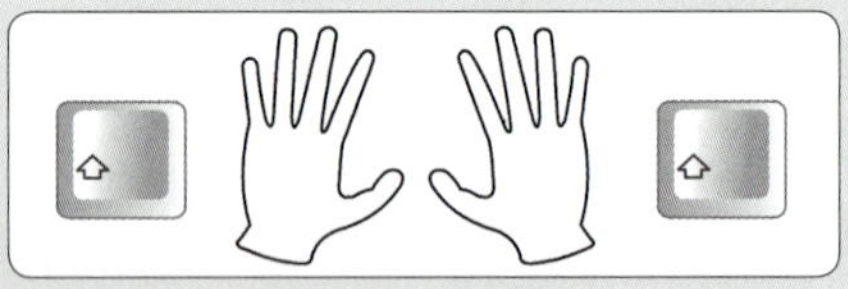	1 tief · am Ort · 1 hoch · 2 hoch
o	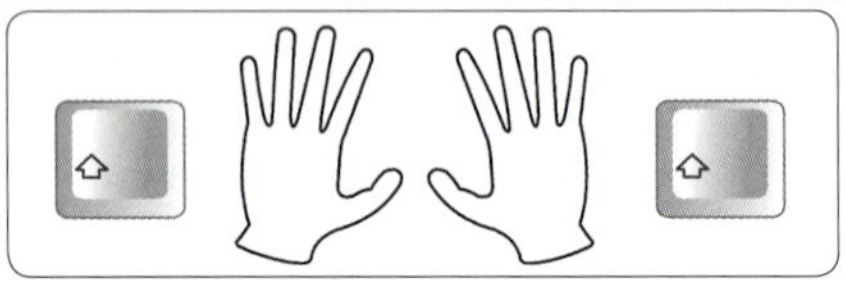	1 tief · am Ort · 1 hoch · 2 hoch
.	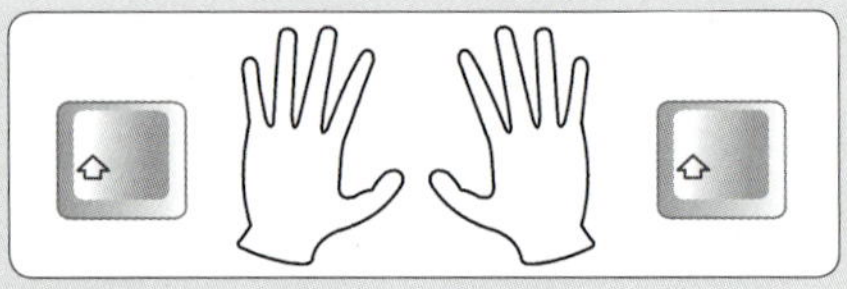	1 tief · am Ort · 1 hoch · 2 hoch
0	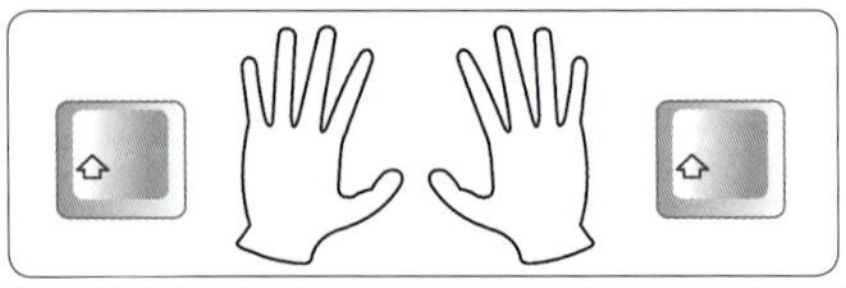	1 tief · am Ort · 1 hoch · 2 hoch
l	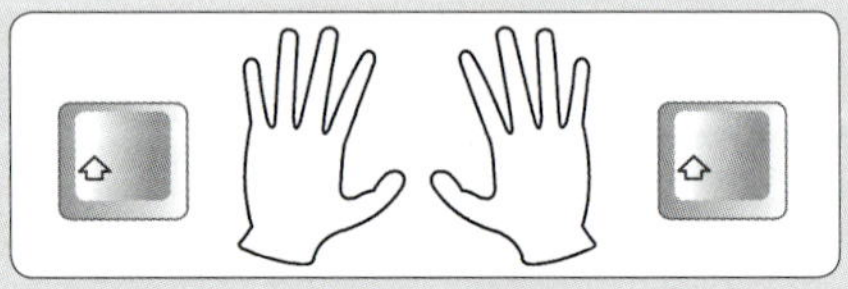	1 tief · am Ort · 1 hoch · 2 hoch
0	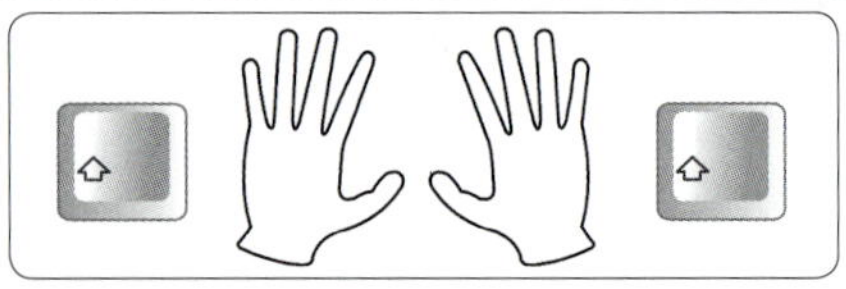	1 tief · am Ort · 1 hoch · 2 hoch

Wir überlegen mit Willi, wie die Ziffer **9** zu schreiben ist:

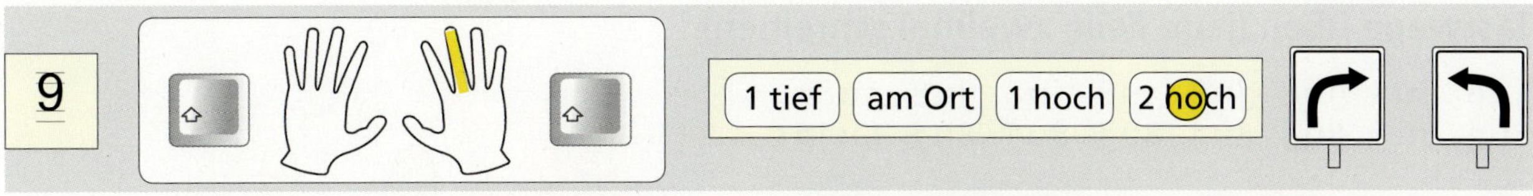

Die Merksätze für die Finger der rechten Hand sind gefragt. Kennst du sie noch? Trage in die leeren Felder die dazugehörenden Merksätze ein. Unterstreiche die Anfangsbuchstaben.

7	
8	
9	
0	

Wir zählen weiter

Tastwege üben (jede Zeile zweimal schreiben)

1 ju8 ju8 ju8 ju8 ju8 ju8 ju8 ju8u
2 8uj 8uj 8uj 8uj 8uj 8uj 8uj 8ujj

3 ju(ju(ju(ju(ju(ju(ju(ju(u
4 (uj (uj (uj (uj (uj (uj (uj (ujj

5 ki9 ki9 ki9 ki9 ki9 ki9 ki9 ki9i
6 9ik 9ik 9ik 9ik 9ik 9ik 9ik 9ikk

7 ki) ki) ki) ki) ki) ki) ki) ki)i
8)ik)ik)ik)ik)ik)ik)ik)ikk

9 lo0 lo0 lo0 lo0 lo0 lo0 lo0 lo0o
10 0ol 0ol 0ol 0ol 0ol 0ol 0ol 0oll

11 lo= lo= lo= lo= lo= lo= lo= lo=o
12 =ol =ol =ol =ol =ol =ol =ol =oll

13 hz7 hz7 hz7 hz7 hz7 hz7 hz7 hz7z
14 7zh 7zh 7zh 7zh 7zh 7zh 7zh 7zhh

15 hz/a hz/a hz/a hz/a hz/a hz/a hz/
16 /zha /zha /zha /zha /zha /zha /zh

Die Dinge werden immer mehr

1 99 Dollar, 890 EUR, 890 km, 992 Leute, 97 Bäume, 90 EUR, 77 Tage,
2 80 Jungen, 980 EUR, 8,9 kg, 884 Leute, 78 Vögel, 79 EUR, 99 Tage,

3 77 Jahre, 7 Wunder, 888 km, 7 000 cm, 80 Liter, 90 Jäger, Nr. 78,
4 88 Jahre, 9 Jungen, 789 km, 8 000 km, 99 Liter, 99 Mäuse, Nr. 87,

5 81 Hefte, 94 Autos, S. 640, 459 EUR, 91 Gänse, 17 Sofas, Nr. 179,
6 20 Hosen, 72 Boote, S. 129, 848 EUR, 18 Räder, 83 Hunde, Nr. 288;

Sätze mit Zahlen

7 Willi schafft 1 000 Zeichen in 10 Minuten. Eine Reise rund um die 68
8 Erde ist 40 000 km lang. Das Flugzeug fliegt 30 km in der Minute. 135

9 Unser Herz schlägt 60- bis 80-mal pro Minute. Ina läuft die 400 m 202
10 jetzt nur noch in 1:20 Minuten. Dianas Eisbecher kostet 5,80 EUR. 272

11 Dies neue Auto kostet 20.000 EUR. Jede Stunde hat 3 600 Sekunden. 343
12 Schnecken kriechen 20 cm pro Stunde. Blitze leuchten 100 km weit. 409

13 Der höchste Berg der Erde misst 8 848 m. Kevin läuft die 100 m in 478
14 16,8 Sekunden. Gesunde Menschen können über 100 Jahre alt werden. 545

Wir wiederholen

1. Streiche die Buchstaben an, die du mit der rechten Hand schreibst.

9 i 0 / r d 8 7 6 = e

2. Nenne für die 7, z, h, n sowie für 8, u, j und m Willis Sprüche.

3. Markiere die Zeichen, die du mit dem rechten Mittelfinger schreibst.

u i f k , 9 e $) r =

4. Nenne Willis Sprüche zu 9, i, k, Komma sowie deine zu 0, o, l und Punkt.

5. Welches Zeichen wird von dir geschrieben, wenn du die folgenden Finger bewegst? Denke nach und fülle rechts aus.

⇧	*nein*	+	*rechter Zeigefinger 2 Reihen hoch’*	☞	
⇧	*links*	+	*rechter Zeigefinger 2 Reihen links hoch*	☞	
⇧	*nein*	+	*rechter Mittelfinger 2 Reihen hoch*	☞	
⇧	*nein*	+	*rechter Mittelfinger 1 Reihe hoch*	☞	
⇧	*links*	+	*rechter Ringfinger 2 Reihen hoch*	☞	
⇧	*nein*	+	*rechter Ringfinger 2 Reihen hoch*	☞	
⇧	*nein*	+	*rechter Zeigefinger 2 Reihen hoch*	☞	
⇧	*links*	+	*rechter Zeigefinger 2 Reihen links hoch*	☞	
⇧	*links*	+	*rechter Mittelfinger 2 Reihen hoch*	☞	
⇧	*nein*	+	*rechter Mittelfinger 2 Reihen hoch*	☞	
⇧	*links*	+	*rechter Ringfinger 2 Reihen hoch*	☞	
⇧	*links*	+	*rechter Ringfinger 1 Reihe hoch*	☞	

Willi gratuliert dir: Du hast es geschafft!

Du kannst jetzt alle Wörter, Ziffern und Zeichen mit 10 Fingern schreiben. Setze dich gerade vor deine Tastatur, lege die Finger auf die Grundstellung und schreibe die nächsten Übungen als Wiederholung.

Kleines Abc

a b c d e f g h i j k l m n o p q r s t u v w x y z ä ö ü ß

Großes Abc

A B C D E F G H I J K L M N O P Q R S T U V W X Y Z Ä Ö Ü

Kleines Einmaleins

0 · 1 = 0	5 · 1 = 5
1 · 1 = 1	6 · 1 = 6
2 · 1 = 2	7 · 1 = 7
3 · 1 = 3	8 · 1 = 8
4 · 1 = 4	9 · 1 = 9

Die hundert häufigsten Wörter

die, der, und, in, zu, den, das, nicht, von, sie, ist, des, sich,
mit, dem, dass, er, es, ein, ich, auf, so, eine, auch, als, nach,
an, wie, im, für, man, aus, nur, aber, durch, wenn, war, bei, um,
hat, werden, noch, am, wir, was, wird, sein, sind, welche, einen,
ihr, kann, haben, einer, mir, über, ihm, diese, einem, uns, doch,
seine, da, zum, zur, vor, dieser, mich, ihn, ihr, hatte, einzeln,
können, mehr, nun, denn, sehr, unter, selbst, schon, hier, meine,
muss, bis, habe, du, wo, wieder, ihre, dann, seiner, alle, gegen,
Zeit, eines, ohne, vom, ganz, oder, ihnen;

Eigenartige Sätze
Finde heraus, was die Sätze besonderes an sich haben.

Zylindermaxe jagt blutsverwandten Quatschkopf.
Zynisch verbietet Max dem jungen Wolf Quarksuppe.
Franz jagt im komplett verwahrlosten Taxi quer durch Bayern.
Mit verwahrloster Nixe badet ein junger Quatschkopf in Zypern.

Falsches Üben von Xylophonmusik quält jeden größeren Zwerg.
Jozef von Quick spielte das Xylophon wieder übermäßig schön.
Zynische Quacksalber wollen nämlich öfter Jodpulver mixen üben.
Jungflößer Max Quant übt kurz das Gespräch mit wertvollem Handy.

Zungenbrecher – schneller zu schreiben als zu sprechen

Bierbrauer Bauer braut braunes Bier,
braunes Bier braut Bierbrauer Bauer.

Wenn Fliegen hinter Fliegen fliegen,
fliegen Fliegen Fliegen hinterher.

Wie werden Texte gestaltet?

Willi Schreibfuchs 11. März 20..
Hase-Langohr-Straße 12
99993 Mäuselwitz

Schülerin
Jenny Eichhorn
Maulwurfplatz 13
99991 Maushausen

Meine Pläne für die nächste Zeit

Liebe Jenny,

wie wäre es, wenn wir in nächster Zeit viel mehr gemeinsam unternehmen? Was hältst du von folgenden Vorschlägen?

1. Besuch im Internet-Café
2. Pizza essen gehen
3. Wettkampf vorbereiten
4. Spazieren gehen
5. Wettkampfprotokolle verschicken
6. Geburtstagseinladungen schreiben

Gib mir bitte Bescheid, ob dir mein Plan gefällt. Wenn ja, hole ich dich dann auch immer gern ab.

Liebe Grüße

dein

Willi

Wie geht es weiter? Willi hat einen Plan

Aufgaben

1. Lies Willis Brief an Jenny durch.
2. Blättere im Buch voraus, damit du erfährst, was dich erwartet.
3. Was musst du an wichtigen Sachen lernen?

Also, was erwartet dich auf den nächsten Seiten?

1. Du wirst als Erstes lernen, wie Satzzeichen in der Maschinenschrift gesetzt werden. Beim handschriftlichen Schreiben spielt es keine große Rolle, ob die Satzzeichen einen großen oder kleinen Abstand zu den Wörtern haben. Bei der Maschinenschrift gibt es aber genaue Vorschriften.

2. Willi zeigt dir als Zweites, welche Regeln für die Schreibung von Zahlen gelten. Damit kannst du z. B. das Datum und Preise richtig schreiben.

3. Als Nächstes wirst du lernen, wie die Schrift verändert oder verschönt werden kann. Beim Computer oder der Schreibmaschine kann die Schrift unterstrichen, fett oder schräg geschrieben werden. Auch können ganze Textteile eingerückt und durch Leerzeilen vom Text getrennt werden, um sie hervorzuheben.

4. Wenn du Briefe schreiben willst, musst du Adressen angeben. Dafür muss man wissen, wie Straßennamen geschrieben werden. Willi bringt dir bei, wie Straßennamen richtig geschrieben werden.

5. Die Schreibweise von Adressen ist nicht so einfach. Es ist genau vorgeschrieben, wo Namen, Straße und Ort hingeschrieben werden müssen, damit die Post die Briefe auch richtig zustellen kann. Ansonsten erreicht dein Brief nicht den Empfänger.

6. Als Höhepunkt lernst du von Willi, Briefe wie die Großen zu schreiben. Du musst also Briefe nicht mehr per Hand schreiben, sondern kannst die ganze Schreiberei maschinenschriftlich erledigen.

Du bist schon ein richtiger kleiner Profi. Das Schreiben von Briefen oder Referaten hilft dir enorm im Deutsch- oder Sachkunkdeunterricht. Du kannst dich besser ausdrücken und machst weniger Fehler beim Schreiben. Wenn du noch dazu eine bessere Note in Deutsch erreichst, ist das doch auch nicht schlecht – oder?

Damit du die neuen Lektionen gut meisterst, musst du viel an der Tastatur üben. Willi hat einige Übungen für dich herausgesucht.

1. Übung
Willi hat Wörter gefunden, die ausschließlich mit der linken Hand geschrieben werden.

1 er es da fad der das wer arg satt derb dass aber rege fragt etwas
2 Tat Rad Gas Rat Wege Bart Rede Vase Erde Taxe Eber Rabe Teer Gabe

3 Affe Rasse Gasse Tasse Bayer Gerber Ratte Terry Farbe Vater Gatte
4 Wetter Bagger Garage Verrat Wasser Caesar Tartar Atteste Ratgeber
5 Tageswert Wasserrad Barbara Vergabe Berater Wettbewerb Wasserwert

2. Übung
Nun kommen Übungen für die rechte Hand.

6 im in oho zum ihm nun hin kühn ihn zäh mini hohl kühl immun hinzu
7 Po Uli Uhu Zoo Nil Ulk Pin Kuh Null Zoll Köln Pilz Kuli Juli Juni

8 Olm Milz Polo Holz Müll Huhn Kohl Mimi Pulk Pool Holm Lump Nippon
9 Lok Olli Mull Kilo Zoom Muli Mohn Klon Klio Ozon Lollipop Monopol
10 Lilli Klinik Lolli Molli Minimum Phillip Klinikum Million Minilok

3. Übung
Finde heraus, was an der folgenden Übung besonderes ist.

11 dir bückt richtig dienen viel alt bleich dick sieht manche wirken
12 alt bleib jetzt turnen malen flehen eisig blau kalt bauen keuchen

13 du zeigen eignen viel bücken so ich aktiv leugnen laichen bog man
14 vorne spritzen für sie aneignen siehe wir quaken protzen blau rot

15 Wochen Leiche Eis Hand Firma Dock Qualen Hansi Napf Haushalt Tuch
16 Ehe Heu Kaufhaus Heidi Formen Maibowle Haus Leid Woche Borke Lake

17 Halt Kauf Blei Haken Hand Pamela Maus Sog Hals Eiche Woge Torhaus
18 Lauf Span Gockel Bit Qual Wucht Haie Riemen Eiche Woche Latz Mama

Hier hat Willi ein paar Witze für dich – die kannst du auch schreiben.

Wir gingen in den Zoo. Es war ein großer Affe im Käfig. Mein Onkel war auch dabei.

Der Landwirtschaftsminister ließ die Bauern zusammenkommen, denn die Schweine fraßen zuviel.

In Lappland wohnen 2 Sorten Menschen. Die reichen Lappen fahren im Rentiergespann, die armen Lappen gehen zu Fuß. Daher der Name Fußlappen.

Holzwurmmutter zu ihren Kindern: „Und nun, husch, husch in euer Brettchen.“

Willi und die Smileys

Willi hat Jenny in das Internet-Café eingeladen. Im Internet-Café stehen Computer, damit können sie Verbindung mit dem Internet aufnehmen. In der Fachsprache heißt das: surfen. Wozu ist das Internet gut?

Wenn Willi und Jenny mit dem Internet verbunden sind, können sie vieles unternehmen: Sie können Interessantes über ferne Länder erfahren, Computerspiele aufrufen, Bücher und CDs bestellen sowie Reisen buchen, Schülerzeitungen von anderen Schulen ansehen, sich Witze drucken lassen und vieles mehr. Ganz modern geworden ist der Austausch von elektronischer Post über das Internet. Diese nennt man „E-Mail" (gesprochen „i-mehl").

E-Mail = elektronische Post

Schneckenpost = alte Briefpost

E-Mails enthalten häufig Smileys (sprich „Smeilis"). Das sind Gesichter, die lustige oder geheime Botschaften übermitteln können.

Smiley, so wie du ihn kennst

Smiley in einer E-Mail

:-)

Wir schreiben uns ein

Hier sind Smileys. Sie lachen, weinen oder können sogar die Stirn runzeln. Hast du sie abgeschrieben, kannst du um jeden Smiley einen Kreis malen.

:-) :-(=:) 8-) P-) ;-) :-] (-: :*) :-\ (:I :-x :8) :-Q (:(:-D

(:I (:) :-! %-/ #-(:-& |-0 (*: %-) 8)= (8: (-; ?-: $-: :-9 :-0

:-+ &:) :-# :-9 8-) #:) B-) :O) @:) =:) :*) &:) :-} :D) <:) :~(

Wie du siehst, werden Smileys aus Satzzeichen zusammengesetzt. Du weißt, Satzzeichen stehen am Anfang, in der Mitte oder am Ende eines Satzes.

Wir wiederholen Satzzeichen

Welche Satzzeichen findest du hier? Nenne alle Namen der Zeichen.

```
Jenny ruft: „Ich gehe jetzt einkaufen!"
„Darf ich mitkommen?", fragt Willi.
„Heute mal nicht", erwidert Jenny.
```

Überlege, welche Satzzeichen am Ende stehen müssen. Schreibe die Sätze ab und setze die passenden Zeichen ein.

```
1 Hast du schon Hausaufgaben gemacht
2 Gestern waren wir im Hallenbad
3 Prima, das hast du gut gemacht
4 Morgen gehen wir wandern
5 Wann hast du Zeit für mich
6 Wie spät ist es jetzt
7 Jenny, komm mal schnell her
```

Lies folgenden Text durch. Achte auf die Satzzeichen. Suche die Satzzeichen, denen ein Leerzeichen (□) folgt und die, bei denen eines davor steht.

```
E-Mails mit□„Smileys"□verschönern

Jeden Tag werden tausende Briefe in Form von E-Mails□(Internet-□Post)□über das Internet verschickt.□Die E-Mails werden mittels Tastatur in den Rechner eingegeben und per Mausklick versandt.□Besonders in Privatbriefen will der Absender auch häufig lustige Botschaften übermitteln,□ohne viel zu schreiben oder zu malen.□

Die Botschaften sollen den Empfänger erheitern oder ihn an etwas erinnern.□Aber wie kann man das ohne großen Aufwand schaffen?□Es gibt einen einfachen Ausweg,□nämlich die Smileys.□Vor mehr als 10 Jahren hat sie jemand erfunden.□Seitdem haben sie sich in Windeseile verbreitet,□so dass sie heute jedermann kennt und sie

gern in E-Mails einfügt.□Smileys sind Zeichengruppen,□die zumeist kleine Gesichter darstellen.□Früher zeichnete ein Kind mit dem Stift:□Pünktchen,□Pünktchen,□Komma,□Strich,□fertig ist das Mondgesicht.□Die genannten Zeichen haben wir jedoch auch auf der Tastatur zur Verfügung.□Die Zeichengruppe :-) war der erste

Smiley.□Wenn du den Kopf nach links neigst,□so siehst du ein lächelndes Gesicht!□Schreibt dir jemand einen solchen Smiley,□meint der Absender es freundlich mit dir.□Heutzutage gibt es hunderte verschiedene Smileys.□Da gibt es Smileys,□die sehen aus wie Bart Simpson,□andere haben eine Träne im Auge oder sehen aus wie ein Affe oder Frosch.□Täglich werden neue Smileys erfunden.□
```

Aufgabe

Fülle folgende Tabelle aus. Trage in die Tabelle ein, ob vor dem Satzzeichen ein Leerzeichen gesetzt werden muss oder danach.

Satzzeichen	Leerzeichen	
	davor	danach
. = Punkt	nein	ja
? = Fragezeichen		
! = Ausrufezeichen		
, = Komma		
: = Doppelpunkt		
„ = Anführungszeichen unten		
" = Anführungszeichen oben		
(= Klammer auf		
) = Klammer zu		

Willi versucht Regeln für die Satzzeichen zu reimen:

Nach jedem Punkt, mein Kind,
folgt ein Leerzeichen geschwind.

Schreibst du
eine Klammer auf,
folgt ohne Leerzeichen
das Wort darauf.

Die Klammer zu, das ist nicht schwer,
folgt dem Wort gleich hinterher.

Vielleicht bringst du auch solche einfachen Zweizeiler zustande.

Aufgaben

Schreibe folgenden Text ab. Achte besonders auf die Satzzeichen.

1 Das Gespenst

2 In einem alten Schloss lebte ein uraltes Gespenst. Es war im
3 Laufe der Jahre ganz grau geworden. Warum wohl? Es hatte schon
4 lange keine Leute mehr erschreckt. Wenn es wieder jung und weiß
5 werden wollte, musste es bald wieder einen Menschen erschrecken.

6 Deshalb huschte es eines Nachts zu den Bewohnern des Schlosses.
7 Es wollte sie erschrecken. O weh! Es hatte ganz vergessen, wie
8 man das macht. Als die Schlossbewohner das Gespenst sahen und
9 hörten, lachten sie sich kaputt. So muss nun das Gespenst für
10 immer alt und grau bleiben.

Überlege, ob die Schreibregeln für Satzzeichen in den folgenden Sätzen beachtet wurden. Unterstreiche die falsch geschriebenen und schreibe richtig ab.

11 Kann das stimmen? Der Schüler sagte , der Lehrer ist ein Esel.
12 Ist das richtig? Der Schüler, sagte der Lehrer,ist ein Esel.
13 Nicky, Schülerin der 4. Klasse , zeigte die besten Leistungen.

14 Beim Einkauf gefiel uns allerhand: Schuhe, Hosen und Kleider.
15 Das Diktat fiel nicht gut aus:Ich müsste wieder mehr lernen .
16 Das Kino ist aus. Wir gingen nach Hause . Uns hat es gefallen.

17 Zu welchem Verein gehst du ? Wie alt bist du?Wie spät ist es?
18 Wo gibt es die leckere Pizza?Wann fährt der nächste Fernbus?
19 Achtung, fertig, los ! Ja, komm bitte her!Halt, hier Polizei!

20 Kai (er geht schon in die 5 a) surft abends gern im Internet.
21 Döner (mit viel Fleisch und Soße) ist unsere Lieblingsspeise.
22 Frau Winter sagte: „ Freitag fahren wir in das Landschulheim."

Willi schreibt Jenny eine E-Mail.

Einladung zum Pizzaessen

Liebe Jenny,

was hältst du davon, wenn wir am Mittwoch in die Pizzeria gehen? Ich habe von Oma ein Extra-Taschengeld bekommen und lade dich ein. Schicke mir als Antwort eine E-Mail, so geht es am schnellsten.

Freundliche Grüße :-)

Willi Schreibfuchs
Hase-Langohr-Straße 12
99993 Mäuselwitz

Telefon: 097 4712
E-Mail: willi.schreibfuchs@wvd.tippen-online.de

Was kosten Pizza und Eisbecher bitte?

Es ist Mittwoch. Willi geht mit Jenny in die Pizzeria. Gemeinsam lesen sie die Speisenkarte, um das leckerste Gericht herauszufinden. Zum Nachtisch wollen sie auf jeden Fall ein Eis essen. Jenny macht Willi darauf aufmerksam, wie schön die Preisangaben angeordnet und wie die Zahlen geschrieben sind. Sie weiß, dass Willi für seinen Geburtstag eine Speisen- und Getränkekarte entwerfen will. Was muss er dazu wissen? Bevor wir eine Antwort darauf geben, einige Übungen als Wiederholung für dich.

Wir wiederholen

Schreibe den Text ab und setze selber die Satzzeichen.

Wie wird Speiseeis hergestellt

Hast du dich schon einmal gefragt wie eigentlich Eis hergestellt wird Für Eis wird vor allem Milch benötigt Die Milch wird mit Zucker Fruchtsäften Schokopulver oder anderen Sachen gemischt

Manchmal werden auch ganze Früchte wie Himbeeren oder Kirschen hinzugefügt Soll das Eis besonders lecker werden wird oft noch Sahne und Eigelb hinzugegeben Hinterher wird die Mischung meist

aufgekocht Nun wird die Milch mit den Zutaten in der Eismaschine gerührt Beim Rühren wird die Milch gleichzeitig gefrostet Es dauert nicht lange und die Eismischung wird fest Fertig ist dann das Kirscheis oder Schokoladeneis Lecker lecker lecker hmmm

Wir haben lange keine Zahlen mehr geschrieben. Kannst du das noch?

2 Kugeln Eis, 200 g Zucker, 4 Liter Milch, 5 Waffeln, 4 Kirschen, 3 Kugeln Eis, 550 g Zucker, 5 Liter Milch, 3 Waffeln, 9 Kirschen,

2 Vanilleeis, 3 Liter Saft, 2 Liter Sahne, 6 Schirme, 5 Walnüsse, 5 Vanilleeis, 7 Liter Saft, 3 Liter Sahne, 4 Schirme, 9 Walnüsse,

2 Pizzas, 3 Döner, 1 Pizza mit Oliven, 4 Salate, 5 Tomatensuppen, 6 Pizzas, 9 Döner, 1 Pizza mit Salami, 8 Salate, 7 Tomatensuppen;

Welche Farbe kann eine Eiskugel haben?

grasgrün, schokoladenbraun, heidelbeerblau, kirschrot, meerblau, minzgrün, himmelblau, moosgrün, zitronengelb, kiwigrün, rosarot,

sahneweiß, apfelsinenorange, apfelgrün, vanillegelb, erdbeerrot, quittengelb, schneeweiß, kaffeebraun, pflaumenblau, bananengelb,

puderzuckerweiß, gummibärenrosa, haselnussbraun, lakritzschwarz, weinrot, birnengelb, karamelbraun, melonenrosa, weintraubenblau;

Pizzeria Italiano

Speisenkarte gültig ab 1. April 2009

Vorspeisen

Kleiner Bauernsalat	2,00 €
Großer Bauernsalat	2,50 €
Tomatensuppe mit Basilikum	1,50 €
Meeresfrüchtesalat	2,50 €

Hauptgerichte

Pizza mit Salami	4,00 €
Pizza Fungi (mit Pilzen)	4,20 €
Feuerpizza mit Peperoni	3,25 €
Pizza mit Thunfisch	3,25 €
Pizza mit viel Käse	3,25 €
Pizza mit Meeresfrüchten	4,75 €

Etwas zum Naschen

Smartie-Eisbecher	2,50 €
Pinguin-Eisbecher	2,70 €
Schlagsahne mit Heidelbeeren	2,80 €

Öffnungszeiten 10:00 bis 19:00 Uhr.
Pizzeria Italiano: 99991 Katzenbach, Hauptstraße 7
Rufnummer für Tischreservierungen: 099 112233

In Texten sind nicht nur Wörter enthalten, sondern auch Zahlen. Damit du die Zahlen auch ordnungsgemäß in die Texte einfügst, sind Regeln zu beachten.

Aufgabe
In der Speisenkarte gibt es verschiedene Zahlenangaben. Welche Zahlenangaben kannst du finden?

Welche Schreibregeln für Zahlen solltest du kennen?

1. Allgemeine Regel

Eine Zahl wird im Text wie ein Wort behandelt. Vor und nach einer Zahl schreibst du jedes Mal ein Leerzeichen. Zahlen mit mehr als drei Stellen gliederst du von rechts nach links in Dreierpäckchen.

Beispiele: `Willi isst 2 Mohrenköpfe.`
`Willi fährt 1 250 km in den Urlaub.`

▯ = Leerzeichen

2. Regel für Preisangaben

Preise werden ohne oder mit zwei Nachkommastellen geschrieben. Sie müssen Währungsangaben enthalten: € (Euro), US-$ (Dollar) oder £ (Pfund).

Komma

Beispiel: `2,80 € = 2,80 EUR`

80 = zwei Nachkommastellen
€ = Währungsangabe (€ = Euro, Abkürzung EUR)

Wir üben das gleich

```
1 13,20 EUR 23,50 EUR 46,00 EUR 94,20 EUR 98,99 EUR 73,39 EUR 2 EUR
2 76,35 EUR 12,80 EUR 13,85 EUR 92,23 EUR 58,00 EUR 55,55 EUR 5 EUR

3 47,60 € 22,88 € 42,55 € 98,28 € 86,98 € 33,33 € 54,81 € 34,57 €
4 84,00 € 87,43 € 11,11 € 50,50 € 46,45 € 88,04 € 26,50 € 89,40 €
```

3. Regel für die Datumsschreibweise

a) Beim Datum schreiben wir zuerst die Tageszahl, dann die Monatszahl und zum Schluss die Jahreszahl. Punkte trennen die Zahlengruppen.

Beispiel: `01.04.2009 = 1. April 2009`

01 = Tagesangabe
04 = Monatsangabe
2009 = Jahreszahl

b) Für das Datum wird noch eine andere Schreibweise verwendet, eine Kombination von Zahlen und Wörtern.

Beispiel: `1. April 2009 = 01.04.2009`

1. = Tageszahl
April = Monat
2009 = Jahreszahl

Übe das gleich wieder

```
1 27.03.2004, 12.10.2007, 25.04.2009, 11.11.06, 01.01.07, 28.02.08,
2 30.05.2012, 21.06.1999, 06.01.2005, 13.07.06, 08.09.02, 25.11.03,

3 2. April 2010, 2. Januar 2004, 10. Juli 2011, 20. September 2009,
4 3. April 2010, 5. August 2008, 23. Juni 2004, 15. September 2005;
```

4. Regel für Uhrzeiten

Bei Angaben mit Stunden, Minuten und Sekunden werden immer je zwei Zahlen angegeben, dazwischen steht ein Doppelpunkt, am Ende das Wort „Uhr".

Beispiel: `12:10 Uhr = zwölf Uhr und zehn Minuten`

12 = Stunden

10 = Minuten

Übungsbeispiele

```
5 08:05 Uhr, 10:30 Uhr, 13:00 Uhr, 14:00 Uhr, 19:25 Uhr, 18:30 Uhr,
6 12:25 Uhr, 21:59 Uhr, 19:15 Uhr, 18:12 Uhr, 07:30 Uhr, 09:45 Uhr,

7 15:35 Uhr, 13:08 Uhr, 12:28 Uhr, 09:10 Uhr, 20:00 Uhr, 16:05 Uhr,
8 22:00 Uhr, 18:30 Uhr, 06:20 Uhr, 05:30 Uhr, 11:25 Uhr, 14:45 Uhr;
```

5. Regel für Telefonnummern

Telefonnummern werden in zwei Zahlengruppen geschrieben. Die erste Zahlengruppe ist die Vorwahl und die zweite Zahlengruppe die Rufnummer.

Beispiel:

Schreibe die Telefonnummern (ohne und mit Vorwahl)

1 245, 9323, 57812, 345688, 451009, 541884, 956473, 531033, 32233,
2 481, 6902, 30721, 888312, 540628, 283811, 234722, 498383, 32745,

3 030 768035, 080 452239, 0267 357504, 0828 405200, 036741 470996,
4 040 338902, 050 870352, 0854 302798, 0648 697401, 036738 350988;

6. Regel für Postleitzahlen

Soll der Brief nach Neustadt, Neustadt oder Neustadt? Ja, es gibt in Deutschland viele Orte doppelt oder gar drei- oder vierfach. Woher soll die Post wissen, wohin dein Brief gehen soll? Daher sind genauere Angaben notwendig.

In Deutschland gibt es für jeden Ort eine Postleitzahl. Sie ist fünfstellig.

Beispiel: 07422 Bad Blankenburg

Schreibe die Postleitzahlen mit Ortsnamen.

1 02979 Neustadt, 07806 Neustadt, 08223 Neustadt, 16845 Neustadt,
2 23730 Neustadt, 37345 Neustadt, 95514 Neustadt, 98701 Neustadt,

3 97657 Sandberg, 91472 Mailheim, 93176 Mausheim, 66352 Nikolaus,
4 93354 Tollbach, 22969 Witzhave, 63110 Rollwald, 57258 Mausbach,

5 79689 Maulburg, 39638 Elsebeck, 74405 Gaildorf, 15859 Dickdamm,
6 79379 Müllheim, 36280 Oberaula, 39345 Keindorf, 18528 Willihof;

Willi will es genau wissen. Beantworte bitte folgende Fragen in **Sätzen.** Die Zahlen, die du verwendest, gleich richtig schreiben.

1. Wann wurdest du geboren?
2. Wie viele Scheiben Brot isst du zum Abendbrot?
3. Wie groß ist deine Familie?
4. Wie viele Stunden Fernsehen schaust du am Tag?
5. Wie viel Taschengeld bekommst du in der Woche?
6. Wie alt ist dein(e) Lieblingssänger(in)?
7. Um wie viel Uhr stehst du morgens auf?
8. Wann gehst du abends ins Bett?
9. Welche Postleitzahl hat dein Wohnort?
10. Kennst du die Telefonnummer deiner Schule?

Hier hast du einen Text mit Zahlen zum Üben.

```
Speis und Trank

65 000 Kilo Lebensmittel verspeist und trinkt ein Deutscher im Laufe seines Lebens. Damit könnte man etwa 500 Kühlschränke vollpacken. Frauen essen ungefähr 6 700 Kilo weniger, obwohl sie im Mittel fast 7 Jahre länger leben. Jeder mampft im Jahr also ungefähr 813 Kilo Lebensmittel. Gebackenes stillt den Löwenanteil unseres Hungers. 78 Kilo Brot und Brötchen schieben wir uns jährlich in den Mund. Etwa 30 Kilo Fleisch verschlingt jeder von uns im Jahr. Pro Nase essen wir 22 Kilo Obst. Eine Tomate kommt bald jeden 2. Tag auf den Teller - das summiert sich auf 7 Kilo. Ebensoviel bringen Bonbons, Kaugummi, Gummibärchen, Brausepulver, Lakritz und andere Süßigkeiten vor dem Lutschen auf die Waage.
```

Jenny schickt Willi eine E-Mail.

```
Nächstes Treffen


Lieber Willi,

hast du am Mittwoch, 31. März, um 16:00 Uhr Zeit? Ich möchte mit
dir mal lernen, wie Tabellen angelegt werden. Bitte rufe mich an.

Liebe Grüße :)

Jenny Eichhorn
Maulwurfsplatz 13
99991 Maushausen

Telefon: 099 4711
E-Mail: jenny.eichhorn@wvd.tippen-online.de
```

Tabellenerster oder Tabellenzweiter?

Tabellen, Tabellen, überall Tabellen. Jenny und Willi wundern sich, wo sie überall Tabellen antreffen: in der Pizzeria (die Speisenkarte), in der Schule (Stundentafel, Zensurenliste), bei Sportereignissen (Wettkampftabellen), im Wetterbericht (Temperaturen, Schneehöhen), in Preislisten und und und.

Bevor wir mit dem neuen Stoff loslegen, erst ein wenig Wiederholung.

Wir wiederholen Regeln für Zahlen

Ergänze dazu folgende Lückentexte.

1. *Eine Zahl, das sieht jeder sofort,*
   wird behandelt wie ein ... .

2. *Das Datum, das weiß jedermann,*
   fängt mit der ... *an.*
   Nach einem Punkt folgt die ... ,
   auch die endet mit Punkt ohne Qual.
   Am Schluss steht die ... ,
   vierstellig oder zweistellig, je nach Wahl.

3. *Stunden, Minuten und Sekunden*
   werden immer mit ... *verbunden.*
   Am Schluss steht das Wort „Uhr",
   sonst ist es eine Divisionsaufgabe pur.

Versuche die anderen Regeln selbst in Reimform zu bringen.

Willi fragt, ob im unteren Text alles richtig geschrieben ist. Streiche erst die Fehler an. Schreibe dann den Text ohne Fehler ab. Wenn du beim Schreiben korrigierst, sind alle Zeilen gleichlang.

```
1 Im Stadtrand-Kino vergnügten sich am Nachmittag 7 junge Pärchen.
2 Willi und Jenny angelten am Elbufer in drei Stunden 12Forellen.

3 Im Café zahlte Willi für einen Eisbecher 6,5 EUR mit Trinkgeld.
4 Maxi sendete Jenny bereits am 03.02.2009. eine E-Mail mit Anhang.

5 Wir sind ab sofort unter der Rufnummer 0 6741 22334 zu erreichen.
6 Der neue Intercity fährt in Dresden vormittags um 11.30 Uhr ein.
```

Willi hat in einer Tabelle die Adressen seiner Freunde festgehalten. Schaue die Tabelle genau an. Präge dir die farbig markierten Begriffe genau ein.

Wo Willis Freunde wohnen

Name	PLZ	Ort	Straße	Nr.	Telefon
Jenny	99991	Maushausen	Maulwurfsplatz	13	099 4711
Paul	99994	Katzenbach	Hasenhügel	5	0991 3435
Max	99992	Mäusestadt	Am Anger	24	098 1875
Wolfi	99993	Mäuselwitz	Sandweg	12	097 2932
Franzi	99991	Katzenbach	Speckgasse	9	0991 5483
Dixi	99993	Mäuselwitz	Käsestraße	4 a	097 1223
Trixi	99992	Mäusestadt	Am Brotkrumen	6	098 7881

Spaltenüberschriften = Namen der Spalten

Zeile = alle Wörter und Zahlen, die zusammengehören (1 Adresse)

Spalte = alle Wörter oder Zahlen, die zu einer Spaltenüberschrift gehören

Zelle = Schnittpunkt zwischen einer Spalte und Zeile

Nun betrachte einmal genau die Spalten. Du wirst feststellen, dass in den Spalten, in denen Wörter stehen, alle Wörter links auf der selben Linie anfangen. Das betrifft die erste, dritte und vierte Spalte.

Eine solche Spaltenausrichtung nennt man linksbündig.

Betrachtest du dir jetzt die Spalten, in denen Zahlen stehen, wirst du feststellen, dass die Zahlen nach dem letzten Schriftzeichen ausgerichtet sind, zum Beispiel die Straßennummern:

Eine solche Spaltenausrichtung nennt man rechtsbündig.

Schaue dir bitte die Speisenkarte auf S. 86 noch einmal an. Dort ist noch eine andere Ausrichtung dargestellt: die Ausrichtung nach dem Komma.

Willi bereitet eine Tabelle vor

Da Willi nicht weiß, welche Software du verwendest, kann er dir nur eine allgemeine Anleitung geben. Damit die Spalten wie gewünscht ausgerichtet werden, musst du vor dem Schreiben Schreibmarken setzen. Diese Schreibmarken heißen auch **Tabstopps.** Lasse dir von deiner Lehrerin (oder deinem Lehrer) genau erklären, welche Tasten du dabei drücken musst.

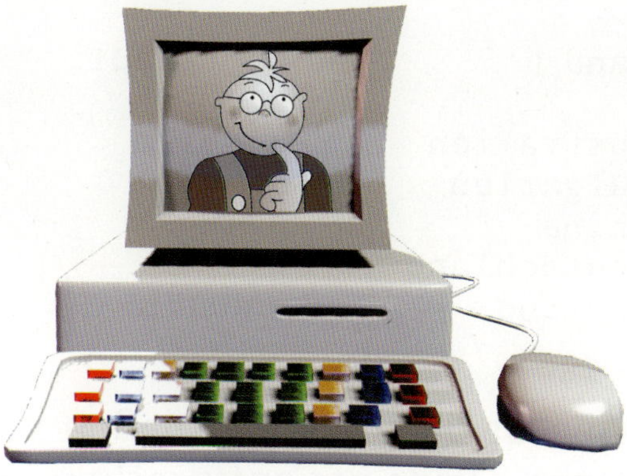

Also, so gehts:

1. **Schritt:** Das gewünschte Menü aufrufen und zuerst alle eventuell schon vorhandenen Tabstopps löschen.

2. **Schritt:** Den ersten Tabstopp setzen. Dabei muss eingegeben werden, an welche Stelle er muss und welche Ausrichtung er haben soll (rechtsbündig oder linksbündig).

   Du siehst dann im Zeilenlineal eine kleine Marke, die dir anzeigt, wo du den Tabstopp gesetzt hast und welche Ausrichtung er besitzt.

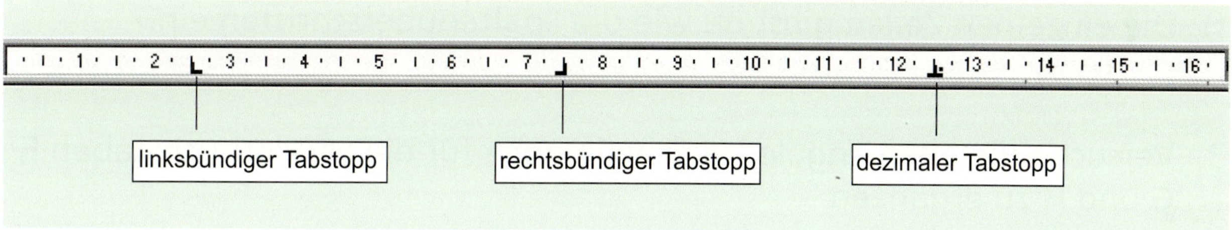

3. **Schritt:** Nun setzt du die restlichen Tabstopps.

Das solltest du gleich einmal probieren

1. Setze dich an den Computer und übe das Setzen von Tabstopps.

   a) linksbündige Tabstopps bei 2,5 cm, 5 cm, 11 cm und 12,5 cm
   b) rechtsbündige Tabstopps bei 7,5 cm und 15 cm
   c) dezimale Tabstopps bei 9 cm und 14 cm
   d) Lösche alle Tabstopps wieder.

2. Lege folgende Tabelle an:

Rand	3,8 cm	7,5 cm	11,2 cm
Land	Hauptstadt	Sprache	Währung
Australien	Canberra	Englisch	Dollar
Bulgarien	Sofia	Bulgarisch	Lew
China	Peking	Chinesisch	Renminbi
Deutschland	Berlin	Deutsch	Euro
England	London	Englisch	Pfund

Willi rät dir folgendermaßen vorzugehen: Zuerst musst du die Tabstopps setzen. Öffne das entsprechende Menü. Gib die Zentimeterangaben für die Tabstopps ein. Als Ausrichtung lege linksbündig fest. Bestätige das Setzen der Tabstopps. Beim Eingeben der Tabelle gehe wie folgt vor:

a) Schreibe das Wort „Land".

b) Betätige die Tabuliertaste [⇆]. Damit wird der Tabstopp angefahren.

c) Schreibe das Wort „Hauptstadt".

d) Dann wieder die Tabuliertaste drücken und so weiter.

e) Nach den Spaltenüberschriften füge eine Leerzeile ein.

f) Die einzelnen Zeilen gibst du wie die Spaltenüberschriften ein.

3. Versuche die eben angelegte Tabelle noch für die Länderbuchstaben **F**, **G** und **H** zu ergänzen.

4. Lege folgenden Stundenplan als Tabelle an:

Rand	3,3 cm	6,6 cm	9,9 cm	13,2 cm
Montag	Dienstag	Mittwoch	Donnerstag	Freitag
Deutsch	Musik	Deutsch	Zeichnen	Musik
Deutsch	Mathe	Mathe	Zeichnen	Mathe
Mathe	Deutsch	Mathe	Deutsch	Heimatkunde
Heimatkunde	Deutsch	Sport	Mathe	Gartenarbeit
		Sport		Gartenarbeit

Denke daran: erst die Tabstopps setzen!

5. Versuche deinen eigenen Stundenplan zu erstellen.

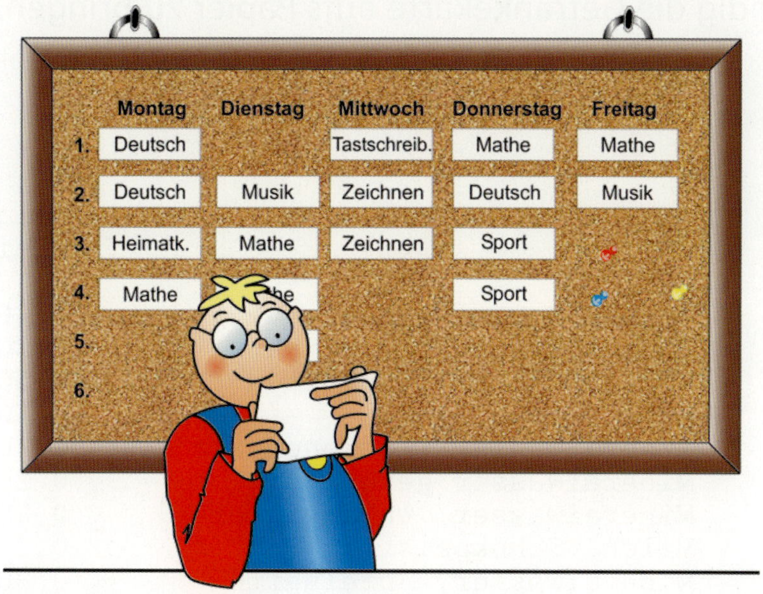

6. Auch ohne Textprogramm kannst du einen Stundenplan erstellen und ausdrucken. Suche dir dazu eine Seite im Internet:

7. Erstelle folgende Tabelle. Miss vorher aus, wo die Tabstopps gesetzt werden müssen. Überall wo ein Fragezeichen steht, ergänze in den Spalten die fehlenden Wörter.

Substantiv	Verb	Adjektiv
die Ruhe	ruhen	?
die Wärme	?	warm
?	kräftigen	kräftig
die Feuchtigkeit	befeuchten	?
?	schlafen	schläfrig
die Sauberkeit	?	sauber
?	erkälten	kalt
die Krankheit	?	krank
?	trocknen	trocken
die Sicht	sichten	?
?	trinken	trinkbar

8. Willi hat eine Getränkekarte für das nächste Schulfest vorbereitet. Versuche selbstständig die Getränkekarte aufs Papier zu bringen.

Getränkekarte

Getränk	Zutaten	Preis
Sportlertrunk	Milch, 3 Löffel Honig	0,30 €
Durstlöscher	Mineralwasser, Fruchtsaft	0,30 €
Kinderbowle	Mineralwasser, Erdbeeren	0,50 €
Colamix	Cola, Vitamalz	0,50 €
Spritzige Maus	Mineralwasser, Zitronensaft	0,30 €
Mäusequelle	Mineralwasser gekühlt	0,20 €
Grüne Wiese	Mineralwasser, Waldmeister	0,30 €
Eisflip	Milch, Schokoeis	0,50 €
Apfelsekt	Mineralwasser, Apfelsaft	0,30 €

An die Stelle des Vierecks kannst du dann noch etwas malen.

Willi ist dir noch das Hexeneinmaleins schuldig. Hier ist es:

Aus Eins mach Zehn
und Zwei lass gehn.
Die Drei mach gleich,
so bist du reich.
Verlier die Vier!
Aus Fünf und Sechs,
so sagt die Hex',
mach Sieben und Acht,
so ist's vollbracht:
und Neun ist Eins,
und Zehn ist keins.
Das ist das Hexeneinmaleins.

Johann Wolfgang von Goethe

10	2	3
0	7	8
5	6	4

Willi schickt Jenny wieder eine E-Mail:

Vorbereitung Sportfest

Liebe Jenny,

hast du nächste Woche einmal Zeit? Ich muss den Crosslauf mit vorbereiten. Es wäre schön, wenn du mir helfen könntest.

Liebe Grüße =:)

Willi Schreibfuchs
Hase-Langohr-Straße 12
99993 Mäuselwitz

Telefon: 097 4712
E-Mail: willi.schreibfuchs@wvd.tippen-online.de

Einladung zum Crosslauf

Willi trifft sich mit Jenny, um den nächsten Crosslauf mit vorzubereiten. Zunächst wälzen sie die alten Ergebnislisten vom vergangenen Jahr, um zu sehen, wie gut einige Schüler waren. Dann wollen sie eine Einladung für alle Kinder anfertigen. Du lernst dabei mit Willi, wie Schriften gestaltet werden können, damit mehr Abwechslung in ein Schreiben kommt und jeder beim Lesen sofort sieht, worauf es ankommt.

Wir wiederholen Tabellen

Übernimm die Tabelle.

Name	Vorname	60 m	Weitsprung	Hochsprung	800 m
Sommer	Bianca	12,0 s	2,50 m	90 cm	4:32 min.
Lachmann	Dennis	9,5 s	3,40 m	120 cm	3:59 min.
Wander	Nadine	11,3 s	2,80 m	100 cm	4:20 min.
Sanders	Ronny	10,0 s	3,20 m	110 cm	3:48 min.
Siebert	Paul	9,1 s	3,55 m	125 cm	3:44 min.
Ratlos	Rudi	9,4 s	3,35 m	115 cm	4:01 min.

Du hast sicher schon einmal Briefchen im Unterricht geschrieben. Peinlich, wenn dich dein Lehrer erwischt hat. Schlage ihm das nächste Mal ein Schnippchen! Wenn du eine Geheimschrift mit Zahlen nimmst, kann er deine Schrift nicht so schnell entziffern.

A = 1	B = 2	C = 3	D = 4	E = 5	F = 6
G = 7	H = 8	I = 9	J = 10	K = 11	L = 12
M = 13	N = 14	O = 15	P = 16	Q = 17	R = 18
S = 19	T = 20	U = 21	V = 22	W = 23	X = 24
Y = 25	Z = 26	Ä = 27	Ö = 28	Ü = 29	ß = 30

Schreibe die Zahlenfolge ab, übersetze sie in eine Buchstabenfolge, damit du herausfindest, welche Botschaft hier versteckt ist.

7 5 8 5 14 23 9 18 14 1 3 8 4 5 13 19 16 15 18 20 6 5 19 20

5 9 14 5 16 9 26 26 1 5 19 19 5 14?

Willi hat eine Idee, wie er die Einladung zum Sportfest gestalten will. Wenn du die Einladung auf der nächsten Seite aufmerksam betrachtest, stellst du fest, dass an mehreren Stellen der Text besonders gestaltet ist. Profis nennen so etwas: der Text ist formatiert.

Hallo, Mädchen und Jungen!

Laufverein LVM Mäuselwitz

Der Laufverein Mäuselwitz lädt euch für kommenden *Sonnabend 15. Juni* zu seinem 20. Crosslauf seiner Vereinsgeschichte ein.

Über folgende Strecken könnt ihr eure Beine schwingen:

1. Alter 10 Jahre und jünger	1 000 m
2. Alter 11 bis 13 Jahre	2 000 m
3. ab 14 Jahre	10 km

Fun und Action sind angesagt. Come on Kids!

Also vorgemerkt: Sportplatz Mäuselwitz
15. Juni, Start 09:30 bzw. 10:00 Uhr (10 km).
Anmeldung bis eine halbe Stunde vor Start!

Jeder Platz wird prämiert. Die aktivste Schule erhält einen **Pokal.**
Jeder hat die Chance, ein tolles **Lauf-T-Shirt** zu bekommen.

Startgebühren:	1 000 m/2 000 m	1,00 €
	10 km	2,50 €

Warum und wie werden Texte gestaltet?

In einem Text, wie der Einladung zum Crosslauf, stehen Informationen. Nicht alle sind gleich wichtig. Manche kannst du überlesen, aber einige musst du dir unbedingt merken. Damit du die wichtigen Stellen nicht übersiehst, werden diese besonders hervorgehoben. Außerdem sieht ein schön gestalteter Text besser aus. Du sollst zwei Arten von Hervorhebungen = Formate kennenlernen. Das sind die Schrift- und die Absatzformate. Natürlich musst du auch wissen, wie die Formate genannt werden.

1. Schriftformate

Das ist Normalschrift.	
Ich bin in Fettschrift.	
Ich bin unterstrichen.	
Ich bin die Schrägschrift (kursiv).	
ICH BIN NICHT KLEIN.	
Welches Format habe ich?	

Aufgabe: Fülle im Unterrichtsgespräch die leeren Kästen aus. Suche in Willis Einladung die Stellen, in denen formatierte Textteile stehen. Benenne die Formate.

Wie werden Schriftformate zugewiesen?

Beim Computerschreiben wird der Text erst **nach** dem Schreiben gestaltet. Du schreibst den Text fortlaufend im so genannten Fließtext. Erst dann weist du Formate zu. Überlege, warum das so ist.

Der Ablauf ist immer der gleiche, egal mit welchen Textprogramm du arbeitest:

1. Cursor vor den Text stellen.
2. Text markieren mit dem Umschalter ⇧ und den Pfeiltasten
3. Mit dem Mauszeiger folgende Symbole anklicken:

   F = fett **U** = unterstrichen *K* = kursiv

4. Markierung wieder aufheben.

Aufgabe

Lies den Text erst durch und stelle fest, welche Formate enthalten sind. Achte auch auf die Formatierung der Satzzeichen. Was stellst du da fest? Schreibe den Text ab und formatiere die hervorgehobenen Wörter unterschiedlich.

1 Jeden **Tag,** an jedem **Ort** treiben wir in der Woche **mehrmals Sport.**
2 Der Tastmeister Willi kann sehr gut **turnen, laufen** und **springen.**

3 Sport an der frischen Luft macht die Wangen rot und uns Appetit.
4 Die glücklichen Sieger im Crosslauf bekamen einen schönen Pokal.

5 NUR WER RASTET, DER ROSTET, berichtet dir ein kluges Sprichwort.
6 Im antiken Griechenland gab es erstmalig die OLYMPISCHEN SPIELE.

7 Wenn du *regelmäßig* in die Sauna gehst, hast du *selten Schnupfen.*
8 Du bist fit wie ein *Sportschuh*, kannst du *laufen* ohne *schnaufen.*

2. Absatzformate

Zeichenformate beziehen sich auf einzelne Zeichen oder Wörter, jedoch die Absatzformate auf eine oder mehrere Zeilen. An den folgenden Bildern kannst du sehen, was es für Absatzformate gibt:

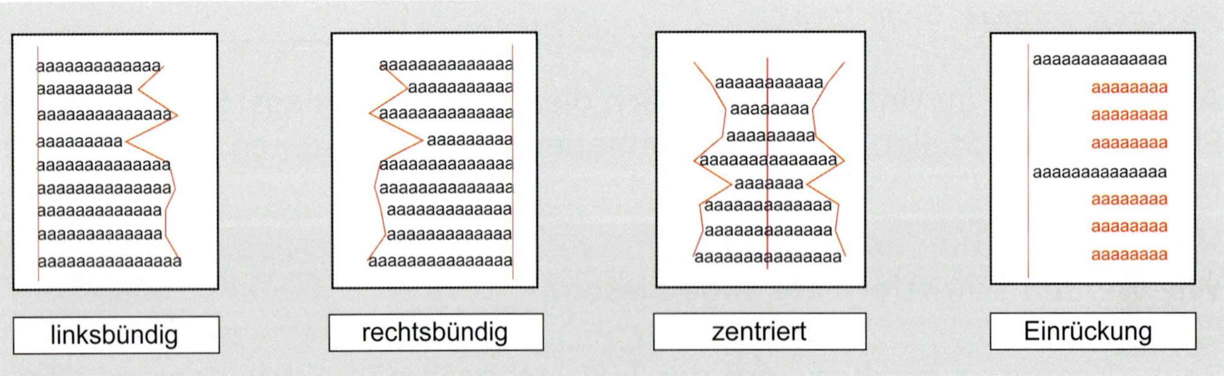

Wie werden Absatzformate im Computer zugewiesen?

Format	Format zuweisen	Format aufheben
linksbündig	Text markieren Symbol linksbündig anklicken Markierung aufheben	ist automatisch eingestellt
rechtsbündig	Text markieren Symbol rechtsbündig anklicken Markierung aufheben	mit Format linksbündig
zentriert	Text markieren Symbol zentriert anklicken Markierung aufheben	mit Format linksbündig
Einrückung bei 2,54 cm	Leerzeile schalten ⇆ drücken, Text schreiben zweimal ↵ drücken	Leerzeilen löschen mit ⇦ Einrückung entfernen

Aufgaben

1. Lasse dir erklären, wie Absatzformate mit deinem Textprogramm aufgerufen werden.
2. Suche in Willis Einladung Absatzformate heraus und benenne sie richtig mit dem Namen.
3. Schreibe deinen Namen und setze ihn jeweils linksbündig, rechtsbündig, zentriert und rücke ihn ein. Wiederhole auch gleich noch einmal die Schriftformatierung.
4. Schreibe folgenden Text ab und setze ihn abwechselnd linksbündig, rechtsbündig und zentriert:

```
Zwei Trichter wandern durch die Nacht.
Durch ihres Rumpfes verengten Schacht
fließt weißes Mondlicht,
still und heiter
spazieren sie
auf ihren
Waldweg
weiter
u. s.
w.
```

Christian Morgenstern

5. Jetzt darfst du einmal Lehrerin oder Lehrer spielen. Lies dir folgende Information durch. Versuche die Formate zu erkennen und benenne sie. Schreibe die Information ab und formatiere richtig.

Information zur Klassenfahrt

.

.

Liebe Franzi,

.

für unsere Fahrt ins **Landschulheim** treffen wir uns am

.

Mittwoch, 10. Juni, 08:00 Uhr,

.

vor dem Bahnhof. Vergiss bitte nicht deine persönlichen <u>Reisesachen</u> und die <u>Badeerlaubnis.</u>

.

\---

.

<u>Bestätigung der Eltern</u>

.

Ich erteile meinem Kind Franzi

eine/keine Badeerlaubnis.

.

(Zutreffendes bitte unterstreichen.)

.

.

.

Unterschrift:

6. Versuche Willis Einladung zum Crosslauf ähnlich zu gestalten. Zum Abschluss male ein passendes Bild auf diese Einladung.

7. Mal sehen, was du alles in dieser Lektion gelernt hast:

   Wozu kannst du Formate einsetzen? Welche Schriftformate hast du kennengelernt? Welche Absatzformate kennst du jetzt? Wie werden Schriftformate zugewiesen? Wie werden Absatzformate zugewiesen? Kennst du den Unterschied zwischen Schrift- und Absatzformaten? Lassen sich Schrift- und Absatzformate beim Computer wieder rückgängig machen?

8. Wie heißt es richtig? Schreibe die Sätze mit den richtigen Verbformen ab.

Du	gehen ging gehst	auf den Sportplatz.
Du	laufen läufst laufe	60 m.
Du	isst essen aßen	eine Banane.
Du	suchen suchten suchst	den Ablaufplan.
Du	verlässt verlassen verließ	den Sportplatz.

Jenny schreibt diesmal eine E-Mail:

Spaziergang

Lieber Willi,

wie wär's, wenn wir nächste Woche spazieren gingen? Da könnten wir gleich für Heimatkunde uns die Straßenschilder mit den Straßennamen ansehen. Gebe mir einen Funk, wann es dir passt.

Mit lieben Grüßen @:)

Jenny Eichhorn
Maulwurfsplatz 13
99991 Maushausen

Telefon: 099 4711
E-Mail: jenny.eichhorn@wvd.tippen-online.de

Willi und Jenny gehen spazieren

Willi holt Jenny von zu Hause ab. Gemeinsam fahren sie zu Willi, um sich erst einmal zu stärken. Dann brechen sie zu einer Wanderung auf. Ihr Ziel ist der Baggersee. Bei schönem Wetter lädt der See zum Baden ein. Der Weg führt am Zoo vorbei. Bevor Willi und Jenny loswandern, haben sie sich den Weg eingeprägt. Unterwegs schauen sie nach den Straßennamen auf den Straßenschildern, um den richtigen Weg zu finden. Jenny macht Willi auf die Schreibung der Straßennamen aufmerksam. Sie überlegt, ob sie bei ihrem Brief an Tante Elsbeth den Straßennamen in der Adresse auch richtig geschrieben hat. Bevor du lernst, welche Regeln es gibt, um Straßennamen richtig zu schreiben, erst ein klein wenig Wiederholung.

Aufgaben

1. Hier hast du eine Liste von Eigenschaftswörtern:

   `klein, lang, alt, neu, gerade, groß, hoch, schmal, kurz, heiß;`

   Verbinde die Eigenschaftswörter mit den Wörtern **etwas** oder **nichts,** z. B.:

   `nichts Altes, etwas Kleines, nichts Neues`

   Überlege! Was ist anders in der Schreibweise, wenn die Eigenschaftswörter einen Begleiter bekommen? Schreibe die Wortgruppen richtig auf.

2. Jeder Mensch bekommt nach der Geburt einen Namen. Der Name setzt sich zusammen aus dem Vornamen und dem Familiennamen, z. B.:

   `Rudi Ratlos, Konrad Duden, Willi Schreibfuchs, Jenny Eichhorn`

   Schreibe die Vornamen und Familiennamen von 10 deiner Mitschüler mit Maschine oder Computer auf.

3. Schreibe handschriftlich auf ein Blatt Papier die **Straßennamen** der Straßen auf, in denen deine **Mitschüler** wohnen. Hebe das Blatt gut auf. Wir werden es nachher noch brauchen. Wenn du die Regeln für Straßennamen kennst, kannst du dann Fehler, die du vielleicht gemacht hast, schnell korrigieren.

Hier ist ein Stadtplan von Willis Heimatstadt **Mäuselwitz:**

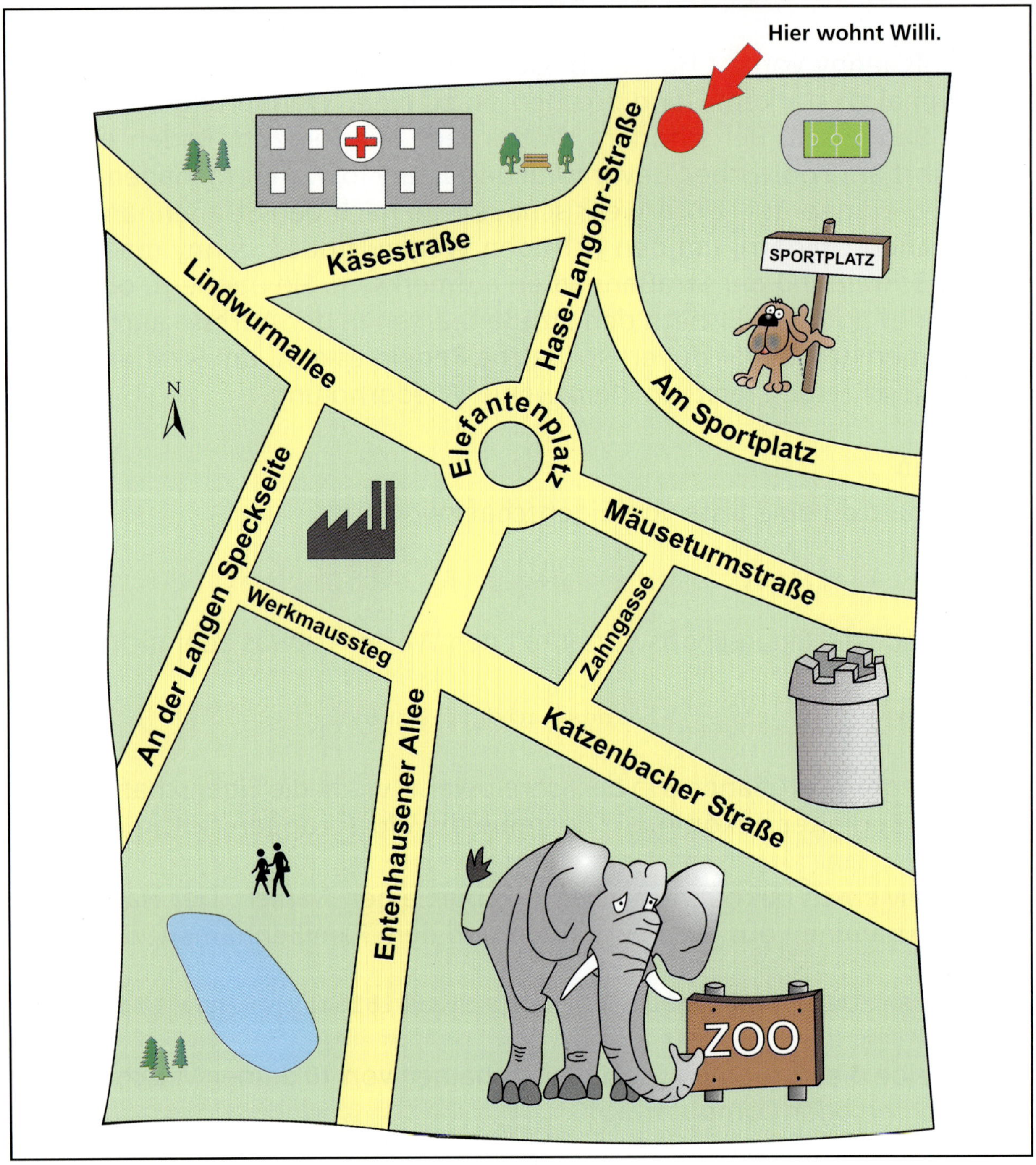

Aufgaben

1. Betrachte dir die Stadtkarte. Beschreibe, was du auf der Karte erkennen kannst. In welcher Straße wohnt Willi?

2. Suche drei Strecken heraus, die Willi und Jenny zum Zoo gehen könnten. Welches wäre der kürzeste und welches der längste Weg?

3. Schreibe die kürzeste Strecke mit den Straßennamen heraus. Achte auf die richtige Schreibung.

Wie ist das nun mit der richtigen Schreibung von Straßennamen?

Zunächst musst du wissen, dass Straßennamen immer nach bestimmten Regeln gebildet werden.

a) Bestimmungswörter + Grundwort

Beispiele: **Hase-Langohr-Straße**
Am Langen Ufer
Poststraße

b) Grundwort + Bestimmungswörter

Beispiele: **Platz der Lustigen Mäuse**
Straße des Friedens
Brücke der Jungfrauen

Aufgaben

1. Hier siehst du viele Beispiele für Grundwörter. Schreibe sie ab.

Straße, Allee, Weg, Platz, Brücke, Gasse, Damm, Ufer, Ring, Steg,
Flur, Markt, Graben, Grund, Promenade, Kai, Anger, Ecke, Brunnen,
Tor, Zeile, Chaussee, Steig, Bad, Winkel, Berg, Born, Plan, Pfad;

2. Schreibe folgende Beispiele ab. Formatiere die Grund- und Bestimmungswörter verschieden, damit du sie unterscheiden kannst.

Am Neuen Tor, Konrad-Zuse-Straße, Am Rheindamm, Karl-Marx-Straße,
Am Saaleufer, Albert-Einstein-Ring, Ludwig-Jahn-Straße, Elbeufer,
Esplanade, Matzweg, Steingasse, Richard-Wagner-Chaussee, Oelberg,
Wernher-von-Braun-Platz, Rudolf-Breitling-Straße, Alexanderplatz,
Weimarer Tor, An der Mühle, Wilhelm-Weitling-Straße, Pappelallee,
Bodeufer, Straße der Deutschen Einheit, Am Zwinger, Klostergasse,
Rudolfspark, Brandenburger Chaussee, Alexanderplatz, Goetheallee,
Parkweg, Konrad-Naumann-Straße, Johannisgasse, An der Wasserluft,
Am Kümmelsteig, Gagarinring, Platz der Weißen Tauben, Kirchplatz,
Hauptstraße, Flößgraben, Rudi-Ratlos-Zeile, Schloßsteig, Sandweg,
Barfüßergasse, Schwarzburger Chaussee, Am Marktplatz, Hafenzeile,
Mozartpromenade, Am Märchenbrunnen, Burgpfad, Weimarische Straße;

Aus dem Deutschunterricht ist dir bekannt, dass es für die Schreibung von Wörtern Regeln gibt. So gibt es auch für die Schreibung von Straßennamen bestimmte Regeln. Hier die wichtigsten Regeln:

Regel Nr. 1

Die erste Regel finde ich famos:
Straßennamen beginnen immer groß.

Beispiele: Grüne Gasse
Am Burgtor
Erfurter Straße

Übe folgende Straßennamen

Untere Marktstraße, Langer Graben, Breite Straße, Am Kurzen Steg,
Am Fischmarkt, Unter den Linden, Zum Winkel, Neue Erfurter Allee;

Regel Nr. 2

Ist im Straßennamen ein ungebeugtes Bestimmungswort,
schreibst du ihn auf jeden Fall zusammen und zwar sofort.

Beispiele: Johannisgasse
Burgtor
Fröbelring

Übe diese Straßennamen

Burgstraße, Rathausplatz, Schillerweg, Johannisgasse, Kirchplatz,
Tastmauspromenade, Fischmarkt, Brunneneck, Klosterwinkel, Ölberg;

Regel Nr. 3

Ist das Bestimmungswort der Straße ein mehrteiliger Name,
werden die Wörter aufgereiht wie die Perlenschnur einer Dame.

Beispiele: Vicky-von-Tippmaus-Straße
Richard-Wagner-Promenade
Johann-von-Goethe-Platz

Gleich wieder üben

Albert-Einstein-Weg, Karl-Marx-Straße, Freiherr-von-Drais-Graben,
Johannes-Kepler-Gasse, Kaiser-Karl-Brücke, Richard-Wagner-Straße;

Regel Nr. 4

Finden wir im Straßennamen ein Eigenschaftswort,
so schreiben wir es groß und zwar sofort.

Beispiele:
```
An der Alten Linde
Am Kurzen Anger
Hinter der Alten Brücke
```

Nur Übung macht den Meister

```
1 An der Roten Brücke, In der Langen Allee, An der Warmen Südseite,
2 In der Schmalen Straße, Am Kurzen Hungerturm, In der Runden Ecke;
```

Regel Nr. 5

Ist im Straßennamen ein gebeugtes Wort, ihr Lieben,
wird dieser immer auseinander geschrieben.

Beispiele:
```
Kurzer Weg
Alter Markt
Rheinländische Brücke
```

Und gleich wieder ran

```
3 Hamburger Platz, Langer Anger, Rostocker Allee, Augsburger Allee,
4 Grüner Hof, Weimarische Straße, Berliner Chaussee, Schwarzer Kai;
```

Jetzt kennst du die wichtigsten Regeln für die Straßennamen. Nun möchten Willi und Jenny sehen, was du gelernt hast.

Aufgaben

1. Setze mit den Grundwörtern „Straße“ oder „Gasse“ und den Bestimmungswörtern „Wein“, „Fluss“ und „Markt“ Straßennamen zusammen. Schreibe sie zunächst handschriftlich auf und gebe sie dann in die Tastatur ein.

2. Bilde mit folgenden Eigenschaftswörtern: „neu“, „lang“ und „groß“ sowie den Grundwörtern „Weg“ oder „Platz“ Straßennamen. Begründe die Schreibung.

3. Erfinde selbst Straßennamen aus den Grundwörtern „Allee“ oder „Straße“ und den Namen „Franz Schubert“, „Gottfried Semper“ und „Rudi Ratlos“. Schreibe die Straßennamen auf und nenne die angewandte Regel.

4. Lege den Zettel mit den Straßennamen, die dir deine Mitschüler genannt hatten, bereit und schreibe sie ab. Achte auf die richtige Schreibweise. Füge jeweils auch Hausnummern an.

5. Willi hat dir viele Straßennamen aufgeschrieben. Sie sind alle fehlerhaft. Finde die Fehler, korrigiere und schreibe richtig. Nun bist du fast ein Profi!

Radeberger-Straße, Öl-Berg 7 a, Dresdenerplatz 9, Licht-Gasse 3,
Rudi Ratlosallee 15, In der kurzen Gasse 7, Am neuen Öl-Berg 14,

in der Pappelallee, Am neuen Amselweg 12, Konrad Röntgen Straße,
Alexander-v.-Humboldtstraße 20, Prof. Schmiedeknecht Straße-24,

Platz der lustigen Mäuse 17, Hamburger straße 61, Am Jesu-Born 1,
Robert Blum Straße 3, Ludwig Jahn-Straße, An-der-Pferdekoppel 9,

am Pulverturm 23, Dorf-Straße 9, Leipzigerstraße 6, HauptStraße,
Albert-Einstein Weg 8, oberer Sonnenberg 15, Am schweriner Damm,

Parkweg 4a, dorfplatz 34, An der alten Linde 9, am Planetarium,
Lehrer-Lämpel Tor, Max und Moritz Weg, Bodo-Ballermanngasse 23;

Die Geschichte vom Straßennamen

Max erzählt von seiner Straße, in der er wohnt. Max wohnt im 64
Burgweg. Dieser Weg führt tatsächlich zu einer alten Ritterburg. 133
Über diesen Weg gingen früher aber nicht die Ritter. Die Ritter 202
benutzten andere Wege, um mit ihren Pferden zur Burg zu gelangen. 270

Auf dem Burgweg mussten die Burgbediensteten von der Stadt bis 337
hoch zur Burg laufen, um den Rittern Holz, Getreide, Brot, Bier, 408
Wein, Fleisch u. a. zu bringen und für die Ritter zu arbeiten. 474
Die Ritter selbst gingen auf Raubzüge aus. Heute gehen die Leute 544

zur Burg, um die alten Burganlagen zu bestaunen und sich zu 606
erholen. Max war schon oft auf der Burg. Vom Burgturm, schwärmt 674
er, hat man einen wunderschönen Ausblick über das Land. Max 737
könnte noch viel mehr von „seinem" Burgweg und der Burg erzählen. 806

Willi schickt Jenny eine kurze Mail.

Wettkampfprotokolle

Liebe Jenny,

in den nächsten Tagen sind die fertigen Wettkampfprotokolle zu
verschicken. Kannst du mir dabei helfen?

Mit lieben Grüßen 8:)

Willi Schreibfuchs
Hase-Langohr-Straße 12
99993 Mäuselwitz

Telefon: 097 4712
E-Mail: <u>willi.schreibfuchs@wvd.tippen-online.de</u>

Ab geht die Post

Willi und Jenny wollen die Wettkampfprotokolle vom letzten Sportfest versenden. Am Sportfest hatten auch Schüler von Partnerschulen teilgenommen. Vom Direktor bekam Willi die Adressen. Nun muss er sie normgerecht auf die Briefhüllen bzw. Briefe schreiben. Damit die Briefe auf dem Postamt richtig sortiert werden können, müssen die Anschriften eine bestimmte Form haben. Wie das geht, sollst du in dieser Lektion lernen.

Bevor es los geht, zwei kleine Übungen

Im folgenden Text ist alles klein geschrieben. Achte beim Abschreiben auf die richtige Großschreibung.

trari, trara, die post ist da. früher kam die post nicht mit dem zug, dem flugzeug oder dem auto, sondern mit der kutsche. mit der gelben postkutsche wurden die briefe und pakete über das land gefahren. obwohl vier oder mehr pferde vor die kutsche gespannt wurden, dauerte es tage oder wochen, bis die post beim empfänger ankam. manchmal kam sie auch überhaupt nicht an, wenn räuber die postkutsche überfielen. heute dauert die zustellung eines briefes innerhalb von deutschland einen tag. und wenn er mal nicht gleich ankommen sollte, kannst du bei der post nachfragen, wo der brief geblieben ist. soll es noch etwas schneller gehen, kannst du den postexpress nutzen. das ist aber dann richtig teuer. mit der post können nicht nur briefe verschickt werden, sondern auch bücher, werbung, geld und anderes. willst du auf nummer sicher gehen, ob ein brief wirklich den empfänger erreicht, gibt es einschreiben. der empfänger unterschreibt dann für den empfang des briefes. vor dem abschicken eines briefes nicht vergessen marken aufzukleben.

Kannst du die Zungenbrecher schneller schreiben als sprechen?

Der Potsdamer Postkutscher putzt
den Potsdamer Postkutschkasten.
Den Potsdamer Postkutschkasten
putzt der Potsdamer Postkutscher.

Der Cottbusser Postkutscher putzt
den Cottbusser Postkutschkasten.
Den Cottbusser Postkutschkasten
putzt der Cottbusser Postkutscher.

Der Watzdorfer Postkutscher putzt
den Watzdorfer Postkutschkasten.
Den Watzdorfer Postkutschkasten
putzt der Watzdorfer Postkutscher.

Gestaltung von Anschriftfeldern

Jeder Brief braucht neben dem Absender natürlich eine Anschrift. Sonst weiß ja die Post nicht, wo der Brief hingehen soll. Die Anschrift kommt in ein so genanntes Anschriftfeld. Ein solches Anschriftfeld wird auf einem Brief und auf der dazugehörigen Briefhülle gestaltet.

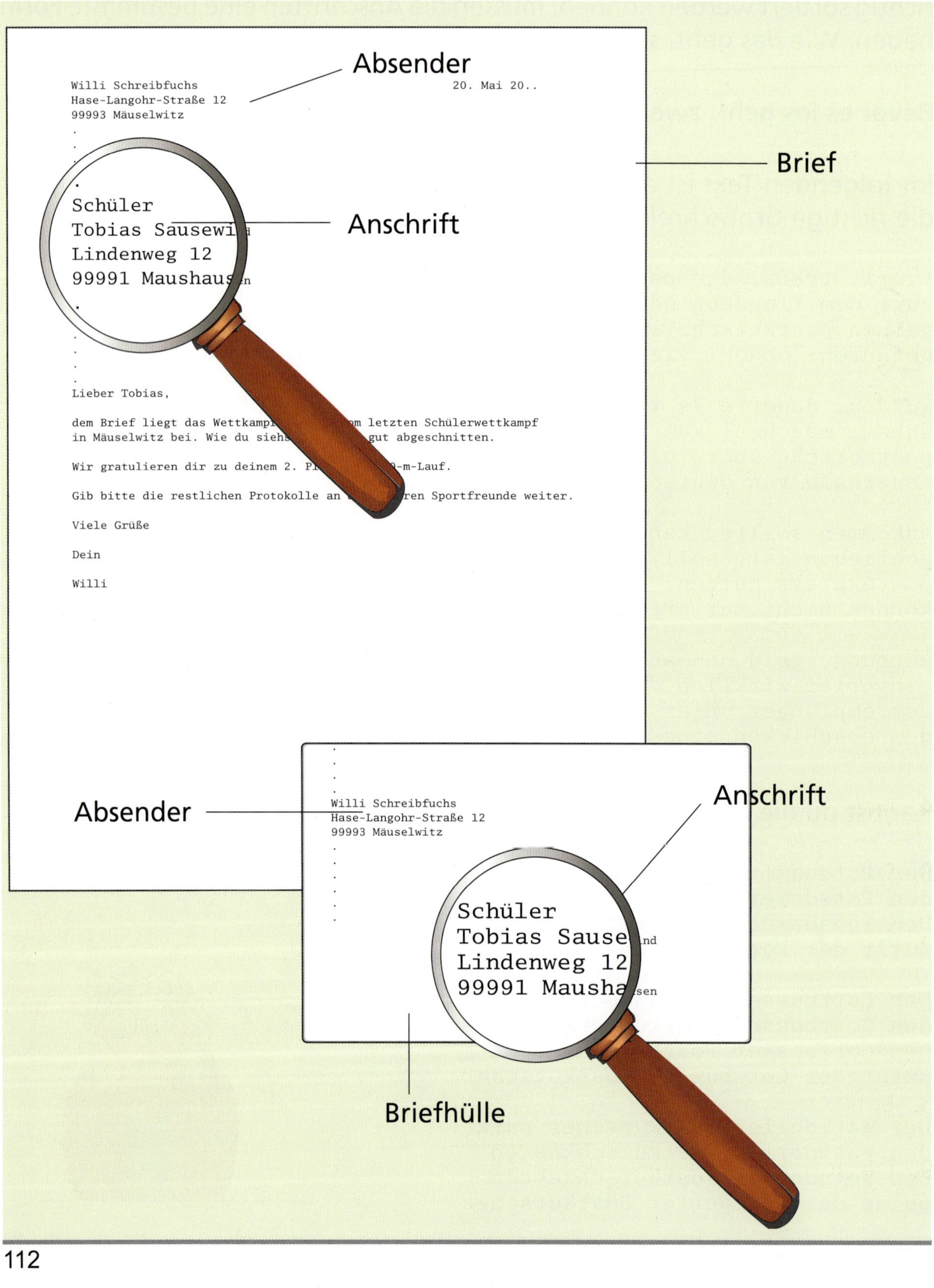

Wie muss eine Anschrift richtig aussehen? Hier ein Beispiel:

Zeile	
1	.
2	.
3	.
1	**Schüler**
2	**Tobias Sausewind**
3	**Lindenweg 12**
4	**99991 Maushausen**
5	.
6	.

Was sollst du am Beispiel erkennen?

1. Das Anschriftfeld hat zwei **Zonen.**
2. Die oberen drei Zeilen sind für postalische Vermerke vorgesehen, für eine schnelle Zustellung z. B. **Express Brief.**
3. In die erste Zeile kommt die **Anrede,** in unserem Beispiel „Schüler".
4. Name und Vorname schreibst du in die **zweite** Zeile.
5. Der **Straßenname** wird in die **Zeile darunter** geschrieben.
6. Nach der Zeile mit dem Straßennamen wird dann die **Postleitzahl mit dem Ort** geschrieben.
7. Zeile 5 und 6 bleiben bei Inlandsanschriften meist frei.
8. Bei Briefen ins Ausland sind hier noch weitere Angaben vorzunehmen.
9. Die Anschrift wird im Brief und auf der Briefhülle genauso gestaltet.

Beispiele für Anschriften:

.
.
.
Frau
Elsbeth Tippse
Bahnhofstraße 7
99992 Mäusestadt
.
.

.
.
Einschreiben Einwurf
Herrn Professor
Dr. Rudolf Bach
Barfüßergasse 18
07393 Saalfeld
.
.

.
.
Express Brief
Frau
Svea Silge
Leopold-Mozart-Straße 4
80686 München
.
.

.
.
.
Herrn Studienrat
Uwe Bley
An der Noll 12 a
07743 Jena
.
.

Aufgaben

Beschreibe die Anschriften. Beantworte dabei folgende Fragen für jede Anschrift einzeln:

1. Was ist das für ein Brief?
2. Wie lautet die Anrede und in welcher Zeile steht sie?
3. Wie heißt der Empfänger und wo steht dessen Name?
4. In welche Straße soll der Brief gehen? In welcher Zeile steht der Straßenname des Empfängers?
5. Wie viele Ziffern hat stets die Postleitzahl?
6. Wie heißt der Empfängerort? Welche Postleitzahl besitzt er und in welcher Zeile steht die Ortsangabe im Anschriftfeld?

1. Schreibe per Hand deine eigene Adresse in das vorbereitete Anschriftfeld:

(1) ______
(2) ______
(3) ______
(1) ______
(2) ______
(3) ______
(4) ______
(5) ______
(6)

2. Versuche die folgenden Anschriften über die Tastatur einzugeben. Trenne jede Anschrift durch eine Linie, die du mit dem Bindestrich schreiben kannst:

```
.
.
.
Schüler
Willi Schreibfuchs
Hase-Langohr-Straße 12
99993 Mäuselwitz
.
.
--------------------------------------------------------------
.
.
.
Schülerin
Jenny Eichhorn
Maulwurfsplatz 13
99991 Maushausen
.
.
--------------------------------------------------------------
.
.
.
Frau
Susi Sorglos
An der Spielwiese 7
07548 Gera
.
.
```

.
.
.
.
Willi Schreibfuchs
Hase-Langohr-Straße 12
99993 Mäuselwitz
.
.
.
.
.

Schüler
Tobias Sausewind
Lindenweg 12
99991 Maushausen

Aufgaben

1. Hier siehst du eine Briefhülle, die fachgerecht beschriftet ist. Die Punkte bezeichnen **Leerzeilen.** Vergleiche die Absender- mit der Anschriftgestaltung.
2. Nimm einen neuen Briefumschlag (Briefhülle) zur Hand und beschrifte diesen handschriftlich, wie im Beispiel vorgegeben. Orientiere dich an der Abbildung, wo Absender und Anschrift stehen.
3. Beschrifte eine Briefhülle mit deinem eigenen Absender und adressiere diese an deinen besten Freund oder deine beste Freundin.

Willi schreibt eine E-Mail.

Vorbereitung meines Geburtstages

Liebe Jenny,

langsam muss ich meinen Geburtstag vorbereiten. Du bist mein Gast, das ist doch klar. Ich möchte aber noch andere Freunde einladen. Mir wäre es lieb, wenn du mir dabei in der nächsten Woche helfen könntest.

Beste Grüße <:)

Willi Schreibfuchs
Hase-Langohr-Straße 12
99993 Mäuselwitz

Telefon: 097 4712
E-Mail: willi.schreibfuchs@wvd.tippen-online.de

Willi hat bald Geburtstag

Dazu möchte er seine besten Freunde und Freundinnen einladen. Früher hat er immer die Einladungen mit Füller geschrieben. Heute möchte er jedoch die Einladungen ganz vornehm gestalten und sie mit dem Computer schreiben. Willi zeigt dir, was er kann.

Vorerst wieder kleine Übungen zur Einstimmung

1. Lies folgenden Text durch. Suche die wichtigsten Wörter heraus und unterstreiche sie. Formatiere beim Abschreiben die unterstrichenen Wörter.

```
Ist Briefe schreiben noch modern?                                36

Früher, als es noch keine Telefone gab, konnten Frau oder Herr           102
Jedermann nur Briefe schreiben, um Grüße, Einladungen oder andere        171
wichtige Informationen zu übermitteln. Oder sie leisteten sich           235
einen Boten, der die Nachrichten mündlich überbrachte.                   291

Vor über 100 Jahren wurde das Telefon erfunden. Jeder, der sich          358
ein Telefon zulegte, konnte in beliebig weite Entfernung zu einem        425
anderen Teilnehmer telefonieren. Kaum gesprochen waren die Worte         492
schon am anderen Ende der Leitung beim Empfänger angekommen.             555

Heute hat fast jeder Haushalt in der Bundesrepublik ein Telefon.         623
Viele haben auch ein Handy, um von unterwegs anrufen zu können.          688
Ein Telefon ist nun sehr bequem. Man braucht jetzt nichts mehr           753
aufzuschreiben. Aber das gilt jedoch nur für Privathaushalte.            816

Mit der Erfindung der elektronischen Post (E-Mail) schreiben Frau        889
und Herr Jedermann wieder öfter Briefe. E-Mails haben gegenüber          958
der alten Post und einem Telefon Vorteile. Sie sind blitzschnell        1027
am Ziel und kosten weniger als ein Brief oder Telefongespräch.          1092

Die E-Mail wird auch in der Mailbox (elektronischer Briefkasten)        1163
abgelegt, wenn der Empfänger nicht zu Hause ist. In einer E-Mail        1232
kann man auch die lustigen „Smileys" malen. Mit wenigen Klicks          1297
der PC-Maus kann die Antwort auf eine E-Mail vorbereitet werden.        1367
```

2. Schreibe folgende Sätze ab und ersetze das Wort „prima" durch andere Wörter: sehr gut, schmuck, kurzweilig, gute, nützliche, viele, wertvoll.

```
Willi kann schon prima die Tastatur bedienen.
Die Post ist eine prima Erfindung.
Jenny hat Willi prima geholfen.
Willi hat prima Freunde.
Die Einladung ist prima gestaltet.
Wenn ich schon Briefe schreiben kann, ist das prima für mich.
Das Lernen mit Willi fand ich prima.
```

So hätte Willi früher die Geburtstagseinladung geschrieben:

Mäuselwitz, 20. Mai

Lieber Trixi,

zu meiner Geburtsstagsfeier am Donnerstag, den 31. Mai lade ich dich herzlich ein.

Sei bitte gegen 14:00 Uhr bei mir in der Hase-Langohr-Straße 12.

Nach dem Kaffeetrinken gehen wir auf den Flugplatz und schauen uns die Drachenflieger und Ballonfahrer an. Bis zum Abendbrot können wir noch einige lustige Spiele durchführen.

Bei schönem Wetter grillen wir im Garten und essen im Freien. Mein Vater wird dich dann abends so um halb acht nach Hause bringen.

Ich freue mich auf dein Kommen.

Dein Willi

So würde Willi heute die Einladung mit dem Computer schreiben:

linker Druckrand 2,41 cm

10,16 cm vom linken Druckrand

Zeile

1 Willi Schreibfuchs — 20. Mai 20.. (Datum)
Hase-Langohr-Straße 12
99993 Mäuselwitz (Absender)

5

12 Schüler
Trixi Wieduwild
Käsestraße 4 a
99993 Mäuselwitz (Anschrift)

20 Einladung zu meiner Geburtstagsfeier (Betreff)

23 Lieber Trixi, (Anrede)

25 zu meiner Geburtstagsfeier am Donnerstag, den
31. Mai lade ich dich herzlich ein.

Sei bitte gegen 14 Uhr bei mir in der
Hase-Langohr-Straße 12.

Nach dem Kaffeetrinken gehen wir auf den Flugplatz
und schauen uns die Drachenflieger und Ballonfahrer an.
Bis zum Abendbrot können wir noch einige lustige
Spiele durchführen.

Bei schönem Wetter grillen wir im Garten und
essen im Freien. Mein Vater wird dich dann
abends so um halb acht nach Hause bringen.

Ich freue mich auf dein Kommen. (Text)

Mit freundlichen Grüßen (Gruß)

dein

Willi (Unterschrift (handschriftlich))

Aufgaben

1. Schreibe in die Tabelle, in welche Zeile die einzelnen Briefteile kommen, die du mit dem Computer schreibst.

Briefteil	**Zeile**	**Ausrichtung**
Absender		
Datum		
Anschrift		
Betreff		
Anrede		
Text		
Gruß		
Unterschrift		

2. Jetzt kannst du zeigen, was du gelernt hast. Schreibe Willis Brief formgerecht ab.

3. Trixi antwortet auf Willis Einladung. Antworte an Trixis Stelle, indem du den folgenden Brief mit dem Computer schreibst.

Lieber Willi,

ich danke dir für deine Einladung. Selbstverständlich werde ich kommen. Wenn du nichts dagegen hast, bringe ich ein paar Spiele mit, die wir vor dem Abendbrot spielen könnten.

Ich freue mich schon auf deine Geburtstagsparty. Bald habe ich auch Geburtstag. Natürlich bekommst du dann ebenfalls eine Einladung.

Viele Grüße dein Trixi

4. Entwirf eine eigene Einladung zu einer Gartenparty. Schreibe sie zunächst handschriftlich und überlege, wo die einzelnen Briefteile hinkommen. Dann gebe deinen Brief mit der Tastatur ein.

5. Vergleiche einen handschriftlichen Brief mit einem maschinenschriftlichen Brief. Welche Gemeinsamkeiten stellst du fest und welche Unterschiede? Was denkst du, warum genau vorgeschrieben ist, wo die einzelnen Briefteile beim maschinenschriftlichen Brief zu stehen haben?

6. Beschrifte eine Briefhülle für Willis Einladung.